HANS ZIMMER

Conrado Xalabarder

Diseño de cubierta e interior: Regina Richling

ISBN: 978-84-10459-08-3

Depósito legal: B-19.576-2024

Impreso por Andalusí Gráficas,
Polígono Ind. Zárate
Camino Nuevo de Peligros s/n 18210 Peligros (Granada)

Impreso en España - *Printed in Spain*

Quiero dedicar este libro a todos quienes, como yo, aman la música de cine como cine que es. También a Cesc, a mi familia y a todos los amigos y amigas de MundoBSO.

Índice

INTRODUCCIÓN 6

El origen de todo. La etapa británica 10
RAIN MAN 16
BLACK RAIN 20
PASEANDO A MISS DAISY 24
DE REPENTE, UN EXTRAÑO 28
THELMA Y LOUISE 32
LLAMARADAS 36
LA FUERZA DE LA ILUSIÓN 40
LA ASESINA 43
AMOR A QUEMARROPA 47
LA CASA DE LOS ESPÍRITUS 51
Remote control: La empresa de Hans Zimmer 55
EL REY LEÓN 58
MAREA ROJA 62
MÁS ALLÁ DE RANGÚN 65
DOS MUERTES 68
ALARMA NUCLEAR 71
LA MUJER DEL PREDICADOR 75
EL PACIFICADOR 79
MEJOR... IMPOSIBLE 82
LOS ÚLTIMOS DÍAS 86
EL PRÍNCIPE DE EGIPTO 90
Zimmer y la animación 96
LA DELGADA LÍNEA ROJA 104
GLADIATOR 108
HANNIBAL 112
PEARL HARBOR 116

BLACK HAWK DERRIBADO ... 120
THE RING (LA SEÑAL) ... 124
EL ÚLTIMO SAMURÁI ... 128
Trilogía Robert Langdon ... 132
EL CÓDIGO DA VINCI ... 133
ÁNGELES Y DEMONIOS ... 133
INFERNO ... 133
Hans Zimmer y Jack Sparrow ... 139
THE HOLIDAY (VACACIONES) ... 144
EL DESAFÍO: FROST CONTRA NIXON ... 148
SHERLOCK HOLMES ... 152
ORIGEN ... 156
12 AÑOS DE ESCLAVITUD ... 161
RUSH ... 165
INTERSTELLAR ... 169
Zimmer en el mundo del cómic ... 173
CHAPPIE ... 182
DUNKERQUE ... 185
BLADE RUNNER 2049 ... 188
DUNE (Partes 1 y 2) ... 193
SIN TIEMPO PARA MORIR ... 198
TOP GUN: MAVERICK ... 201
THE CREATOR ... 204
Otras bandas sonoras ... 207
Zimmer en televisión ... 221
Sus principales colaboradores ... 225
Filmografía ... 229

INTRODUCCIÓN

«Pienso que el propósito de la música en el cine es muy simple: invitas a la audiencia y les dices: "Os doy la oportunidad de sentir algo, no os digo lo que vais a sentir, pero el simple hecho que haya una nota abre una puerta por la que entraréis y podréis completar la emoción".»

Hans Zimmer

Hans Zimmer no es un compositor que pone música a las películas. Es un cineasta: hace cine con la música. Y es un *rock star*, no sólo porque sea mundialmente famoso, porque trabaje en películas renombradas o porque llene estadios de todo el mundo con sus conciertos, sino también porque ha cambiado el cine. Hay un debate eterno de si ha sido para bien o para mal: sus detractores le acusan de haber contribuido a convertir la música de cine en algo industrial, con empresas (Remote Control o Bleeding Fingers, por ejemplo) que son algo así como fábricas de abejas haciendo la misma miel, compositores creando la misma música, eficiente pero despersonalizada, lo que ha podido desplazar a otros autores. También se señala que su música no es realmente suya o, por lo menos, no se sabe cuáles de las bandas sonoras que firma han sido hechas por él. Basta con observar la cantidad de compositores de música adicional que figuran acreditados en bastantes de sus filmes: hasta once en algún caso, algo que no sucede en las filmografías de John Williams o Ennio Morricone, por ejemplo. Haciendo un símil, es como si una novela tuviera párrafos cuando no capítulos enteros escritos por otros que no son quien aparece como autor.

El suyo es un modo de proceder y de organización diferente: está el modelo del compositor que trabaja en la soledad de su despacho (Williams, Morricone, Alexandre Desplat...), está también —y son la gran mayoría— quienes cuentan con arreglistas y orquestadores, un equipo más o menos grande de profesionales que ayudan a acelerar el trabajo. Y está el modelo Zimmer, que incluye los dos anteriores pero también el de asignar parte del trabajo para que sea hecho por otros aunque, como es más que obvio, él se haga responsable del conjunto de la banda sonora y haya trazado las líneas que otros compositores siguen y desarrollan. Pero hay que entender que no ha inventado nada: el suyo es un sistema de producción antiguo, pues a lo largo de la historia grandes artistas y artesanos han tenido asistentes que han hecho parte del trabajo para cumplir a tiempo con el encargo y, sobre todo, para poder tener más encargos. Zimmer responde mucho más a este prototipo, aunque no sean pocas las bandas sonoras que ha hecho en la soledad de su despacho.

Es una concepción que prima la eficiencia por encima de la autoría: basta con ver (y escuchar) las distintas series televisivas documentales sobre el planeta Tierra que viene realizando a través de su compañía Bleeding Fingers para comprobar que todas las músicas —firmadas por diversos autores— responden a un mismo patrón musical, o al menos muy similar, con bandas sonoras que podrían ser perfectamente intercambiables pero que son de una eficacia poco cuestionable. Es, sí, una concepción industrial y empresarial que de todos modos no va necesariamente en detrimento de la calidad de la obra.

Hay que saber cuáles son los orígenes de Zimmer para entender mejor su modo de funcionar: el científico Charles Darwin escribió que en la historia de la vida han prevalecido quienes han aprendido a colaborar e improvisar con mayor eficacia, y quienes mejor se han adaptado al medio. Zimmer es un buen ejemplo porque partiendo en sus inicios sin una base musical sólida ha encontrado su lugar en la cumbre gracias a haberse rodeado de profesionales de primera, de los que ha aprendido: desde su primera asociación con Stanley Myers, pasando por la legendaria Shirley Walker, o de tantos otros compositores, orquestadores o instrumentistas, ha estado siempre acompañado por los mejores. Si es colaborativo es porque es inteligente y astuto, y conoce bien el medio al que con tanta eficiencia ha sabido adaptarse. En lo musical, además, a lo largo de cuarenta años su carrera se ha caracterizado por una continua evolución estética y productiva, haciendo uso de diversos lenguajes (sinfónico-orquestal, electrónico, étnico...), adecuándolos a las necesidades de cada una de sus películas. A nivel social, es también empresario y ha sabido gestionar todo tipo de relaciones con la industria, productores y directores, siendo además propulsor de no pocas carreras individuales de compositores que comenzaron trabajando para él. Su éxito, pues, lo ha sido tanto por su talento como por su capacidad de interactuar y su inagotable deseo de experimentar. Como resultado, sólo Williams y Morricone —compositores de los que se declara gran admirador— son tan conocidos como él y, al igual que ellos, ha labrado una trayectoria extensa e intensa con éxitos comercia-

les y/o artísticos, aunque también, como con casi cualquier creador, ha mordido más de una vez el polvo del fracaso.

Aun así, y con lo expuesto, hay quienes le acusan de utilizar *compositores fantasma*, a quienes ni siquiera da acreditación, lo que sería imposible de defender en los tiempos actuales. No es objetivo de este libro entrar en estas especulaciones. Todos los compositores de música adicional —o coautores de las bandas sonoras— que constan en este libro son los que aparecen en los créditos de sus películas o en la web www.imdb.com, puesto que las dos webs oficiales del compositor (www.worldofhanszimmer.com y www.hanszimmerlive.com) apenas dan información sobre su filmografía.

Zimmer es compositor, es empresario, es diplomático pero sobre todo y ante todo es cineasta, ama el cine y sabe mucho de los recursos que aporta la música en la creación de la dramaturgia y la narración cinematográfica. En una ocasión me dijo algo que ha repetido otras veces y que es fundamental tener en cuenta: «Cuando escribo una banda sonora, tengo un ojo puesto en la película y el otro en la audiencia, para cumplir con las necesidades del filme y para facilitarle una experiencia a quien lo ve». Es una concepción brillante pues por un lado asume la responsabilidad de ser útil a una obra superior y por otro sirve de intermediario entre la película y su audiencia, facilitando las cosas y sobre todo ayudando a la inmersión en la historia que se cuenta. Tiene dos Óscar (más once nominaciones), así como multitud de otros premios. Ha firmado alrededor de 250 bandas sonoras de cine, televisión, documentales y videojuegos, y puesto música a casi todos los géneros. Como es obvio, tiene obras mejores y peores, más interesantes y que aportan poco interés, creaciones innovadoras y otras que son conservadoras, pero tiene un puñado de obras maestras que deben ser celebradas.

Es un compositor vivo, cambiante, inquieto, muy influyente y porque no deja a nadie indiferente, hace también muy interesante analizar su obra. Y son sus películas, a fin de cuentas, las que se deben estudiar, explicar, y por supuesto, también cuestionar. El cómo se han creado es una materia de mucho interés; el qué se ha creado es lo más importante, y a esto se dedica este libro que es interactivo, con códigos QR que llevan a escuchar la música y otro código QR que encontrarás al final del libro y con el que accederás a material complemetario como vídeos explicativos o enlaces a artículos. Todo ello con el propósito de que te puedas sumergir en cada una de las películas escogidas y las descubras o redescubras desde una perspectiva más completa y profunda, y también mucho más hermosa, que es lo que aportan a los filmes en lo dramatúrgico y en lo narrativo. Que puedas conocer su obra como cine que es, porque la música de cine es cine y este libro explica, muestra y demuestra que, pese a lo controvertido, Hans Zimmer es uno de los más grandes cineastas de nuestro tiempo.

Conrado Xalabarder, 2024

EL ORIGEN DE TODO
La etapa británica

«Crecí en Alemania sin televisión. Mis padres básicamente pensaban que la televisión era el fin de la cultura. Recuerdo a los doce años colándome por la puerta de atrás de un pequeño cine local donde estaban proyectando Hasta que llegó su hora (1968), *con las inmensas imágenes de Leone y la música de Ennio Morricone. Me dije: Esto es lo que quiero hacer.»*

El 12 de septiembre de 1957, en la ciudad alemana de Fráncfort, nació Hans Florian Zimmer, hijo de Hans Joachim Zimmer, ingeniero, y de Brigitte Weil, pianista que había pasado larga parte de su vida en Inglaterra tras huir con su familia de la Alemania nazi. Ella le inculcó la pasión por la música: con sólo tres años le llevó a ver *La flauta mágica*, de Mozart, que le impresionó tanto que Mozart acompañaría sus primeros años de vida. Le siguieron Beethoven, Mahler, etc. Su infancia sin televisor la pasó entre conciertos y óperas. Su padre murió en 1963, un trauma que le hizo refugiarse en la música. Aunque tocaba el piano nunca recibió instrucción formal y acabó siendo autodidacta. De adolescente se trasladó a Londres con su madre y estudió en el prestigioso internado Hurtwood House, donde se familiarizó con los sintetizadores. Comenzó su carrera trabajando en *jingles* publicitarios para Air-Edel Associates, fue pionero en el uso de ordenadores y sintetizadores digitales y en su época de músico de rock, en la década de 1970, participó en la exitosa canción de The Buggles «Video Killed the Radio Star» y produjo el álbum del grupo *The Age of Plastic* (1980). Ya en la década de 1980 hizo giras por Europa con grupos como Krisma y Ultravox, e incluso tuvo una colaboración al teclado en una actuación en vivo de *Mecano* en 1984. Tenía las cualidades para la programación electrónica, y sus logros despertaron el interés de un importante exponente de la música de cine británico de la época, Stanley Myers, que le abrió las puertas del medio y que se convertiría en su gran mentor.

La alianza con Stanley Myers

En el momento de encontrarse con Zimmer, Stanley Myers (1930-1993) ya tenía una amplia carrera en cine y televisión, comenzada en la década de 1960 con series como

Doctor Who (1964) o películas como *Magnífico bribón* (1966), *Ulysses* (1967) o, diez años más tarde, la oscarizada *El cazador* (1978), cuyo tema principal, titulado «Cavatina», sería su pieza más celebrada y conocida. Myers eligió a Zimmer como ayudante y programador electrónico y también —como explicaría Zimmer— como el chico de los cafés: «Tenía una máquina de café expreso increíblemente complicada que no podía manejar. Y a mí me gustaba la electrónica, así que mi trabajo era hacer que la máquina de café expreso funcionara, y a cambio él me explicaba cosas de la orquesta». Así, asistiendo a reuniones de Myers con los directores empezó a aprender el oficio: «Lo que aprendí es que, sí, podemos encontrar una idea, podemos encontrar una solución. Y siempre luchando por algo original, siempre luchando en el precipicio de lo imposible». Finalmente se asociaron y fundaron Lillie Yard Studio, donde experimentarían con la fusión de sinfónica y electrónica, y desde donde ambos colaborarían especialmente con tres directores: el polaco Jerzy Skolimowski, los británicos Nicolas Roeg y Stephen Frears y el griego Nico Mastorakis.

Para Zimmer todo comenzó en el cine con Skolimowski en *Trabajo clandestino* (1982), protagonizada por Jeremy Irons, donde se encargó de la música electrónica, atmosférica y tensa que contrastaba con el tono de comedia del filme. Su trabajo fue una exhibición de sonidos producidos por los sintetizadores del momento, los mismos con los que había trabajado en sus tiempos del pop, combinados con breves pasajes melódicos. La segunda con el director fue la anglofrancesa *El éxito es la mejor venganza* (1984) y la tercera *El buque-faro* (1985), filme muy claustrofóbico con Klaus Maria Brandauer y Robert Duvall enfrentados a bordo de un buque-faro, si bien Zimmer sólo fue acreditado como productor de la música electrónica. La música de Myers, dramática y de suspense, fue más convencional.

Con Nicolas Roeg hicieron el *thriller Eureka* (1983), con Gene Hackman, y luego *Insignificancia* (1985), peculiar comedia con Albert Einstein en Nueva York encontrándose en la habitación de su hotel a Marilyn Monroe y charlando sobre la relatividad, el sexo o la política. La música, a ratos sombría y en otros más sentimental, aportaba distintos tonos en función del asunto del que se conversaba. Mucho menos conocida es *Robinson Crusoe por un año* (1986), sobre un escritor (Oliver Reed) que busca por un anuncio una esposa que comparta su vida con él durante un año en una isla tropical. Se emplearon músicas preexistentes (de Puccini o Debussy pero también de Brian Eno o Eric Coates) y algunos temas originales ambientales y para la tensión, pero destaca un sencillo y bello tema principal romántico.

La banda sonora de *Mi hermosa lavandería* (1985), fue la primera que hicieron con Stephen Frears. El guion, de Hanif Kureishi, fue finalista al Óscar. Gordon Warnecke encarna a un británico de origen paquistaní que junto su amante blanco (Daniel Day-Lewis) lucha por tener éxito con una lavandería. La banda sonora fue firmada por Myers y Zimmer con el seudónimo «Ludus Tonalis» y en ella hubo canciones, música preexistente y temas originales ambientales modernos para el contexto urbano londinense. Zimmer creó sintetizadores una onomatopeya de las pompas de jabón que representan la lavandería. Frears la consideró excéntrica, pero la dejó en la película. El segundo filme fue *Ábrete de orejas* (1987), sobre la desequilibrada y caótica relación sentimental entre dos hombres. Zimmer participó tocando el sintetizador, siendo la música de Myers.

Nico Mastorakis, director de películas de serie B, hizo con ambos *Los Zero Boys* (1986) y *El viento* (1986), y sin Myers *Terminal Exposure* (1987). *Los Zero Boys* es un slasher sobre unos amigos que van de excursión al bosque y son atacados por dos asesinos. La banda sonora, muy de los años ochenta, es electrónica y sinfónica, pero poco relevante: Zimmer se encargó sólo de la primera escena de acción. Algo más importante es *El viento,* thriller sobre una escritora que se traslada a un pueblo griego para escribir y donde empieza a sospechar que un hombre ha cometido un asesinato. La música es asimismo muy ochentera: la de Zimmer es electrónica en tanto que la de Myers combina orquesta y electrónica. Hay hermosa música griega y músicas de suspense. *Terminal Exposure,* por fin, es una comedia sobre dos jóvenes que accidentalmente graban un asesinato y deciden investigar. Una partitura electrónica, nuevamente típica de su época, con aires al entonces tan exitoso Harold Faltermeyer. También participan el saxofonista Brian Gulland y el guitarrista Brian Robertson, creando entre todos una banda sonora sencilla pero agradable.

Todas estas películas —y un celebrado trabajo como productor musical en *El último emperador* (1987), de Bernardo Bertolucci— le dieron experiencia y formación: el sampleo le posibilitaba grabar instrumentos tradicionales y secciones orquestales que, con sintetizadores y programas informáticos, podía modificar y arreglar, método compositivo que le permitió pasar de programador y creador de efectos sonoros a componer piezas donde poder simular instrumentos acústicos y arreglos orquestales. Eso le ayudó a compensar sus limitaciones en orquestación, composición y armonía.

La puerta hacia América

Las mencionadas son algunas de las películas que hizo en esta primera etapa. Hubo algunas otras, siendo relevante la francesa *Historia de O* (II parte) (1984), secuela del filme de 1975 que había popularizado la melodía de Pierre Bachelet, un éxito que ni Myers ni Zimmer lograron igualar a pesar de la calidez y belleza de su tema principal, una música híbrida de pop melódico con numerosas variaciones. Pero la película que fue verdaderamente capital en su carrera fue *Un mundo aparte* (1988), de Chris Menges. Tan importante que gracias a ella Zimmer saltó a Hollywood y de ahí —con mucho trabajo y tenacidad— al absoluto estrellato.

La película, que se ambienta en la Sudáfrica del apartheid de principios de los años sesenta, explica la historia de una familia blanca acosada por hacer público su antisegregacionismo. Basada en los hechos reales sufridos por Ruth First (asesinada en 1982), fue la primera banda sonora de largometraje que Zimmer hizo en solitario, aunque hay que matizar que su debut en solitario fue en el cortometraje *Superhero* (1982) y en televisión *Wild Horses* (1985), un wéstern, pero la película de Menges supuso su bautismo realmente decisivo.

La música original es en su mayor parte electrónica. Empleó varios teclados, efectos de percusión sampleados e instrumentos imitando a la madera, cuerdas y metales. Hay música étnica preexistente (los cánticos tradicionales «Nkosi Sikelel' iAfrika» y «Zithulele Mama») y Zimmer se volcó en homenajear la tierra y la lucha contra el *apartheid* con un lenguaje sencillo y melódico. La música describe el estado de pobreza y penuria del pueblo africano mediante un estilo étnico-popular y también moderno. Su tema principal es una declaración de principios y un tributo al pueblo sudafricano violentado, e implica también a la hija de la protagonista. En el resto, la música no fue étnica pues se focalizó en el drama, universalizándolo. Hay músicas para tensionar el ambiente, un tema dramático para la madre —que es el que más veces aparece—, y otro para su hija, ligero e inocente, que abre el filme en créditos y que aparece en otras ocasiones mostrando lo que afecta a la niña la injusta persecución que sufre la protagonista. Fue una banda sonora contemporánea a su época, los años ochenta dominados por obras electrónicas de autores como Giorgio Moroder, Brad Fiedel, Vangelis o Tangerine Dream, pero Zimmer le dio un toque muy personal, que formaría pronto parte de su sello tan reconocible.

En una entrevista le preguntaron al compositor cuáles fueron los momentos más significativos de su carrera. Con sarcasmo contestó: «Uno de los puntos de inflexión en mi carrera fue nacer, eso es importante. Hacer *Un mundo aparte* fue bueno para que me salieran los dientes». Gracias a su música para esta película sería contratado para componer la banda sonora de *Rain Man* (1988), un punto de inflexión radical en su vida personal, profesional y creativa.

The British Years

The Wind

The Zero Boys

Terminal Exposure

RAIN MAN

«Viaje musical al interior de Raymond»

Fecha: 1988. EE. UU.

Dir.: Barry Levinson.

Intérpretes: Dustin Hoffman (Raymond Babbitt), Tom Cruise (Charlie Babbitt), Valeria Golino (Susanna).

Premios: Óscar (nominación).

ARGUMENTO:

Charlie Babbitt espera heredar la fortuna de su difunto padre, pero al descubrir que el beneficiario es un hermano autista cuya existencia desconocía decide llevárselo de viaje con la esperanza de conseguir el dinero. Pronto descubre sus extraordinarias habilidades y empieza a conocerle y a quererle.

LA MÚSICA:

Zimmer fue contratado gracias a la banda sonora de *Un mundo aparte* (1988), que la esposa de Barry Levinson, Diana Rhodes, había escuchado. Aunque ya había hecho algunas películas estadounidenses (especialmente con Stanley Myers), éste fue su bautismo importante en el cine del país. La película se llevó cuatro Óscar: mejor película, actor —Hoffman—, director y guion original, y Zimmer fue nominado. Antes de entrar el compositor ya se habían decidido algunas canciones: «Iko-Iko» —para créditos iniciales—, «Scatterlings of Africa»,«Dry Bones» o «Lonely Avenue», todas ambientales pensadas para el álbum comercial. La música original fue electrónica, hecha con diferentes teclados (incluido el popular Fairlight CMI) e instrumentos exóticos como flautas de pan o un *didyeridú*. El estilo, una mezcolanza de pop, rock y aires ochenteros.

Por fuera y por dentro

La música de Zimmer gira principalmente en torno a Raymond, a quien otorga dos temas musicales mientras que a Charlie le da protagonismo musical en un solo momento, con un palpitante tema rock y funky con efectos vocales de góspel que le da un aire chulesco y arrogante, y que aparece en la larga escena de Las Vegas, donde Charlie cree que puede comerse al mundo. Respecto a Raymond, siendo a ojos de Charlie —y de la audiencia— un ser extraño pero también tierno, la música muestra la empatía con la que se le percibe: tiene un tema dinámico que enfatiza una sensación de movimiento hacia delante, como se corresponde a una *road movie*, que es la categoría a que corresponde la película, pero sobre todo de conformidad con la positividad y simpática comicidad del personaje (más para la audiencia que para su hermano, ciertamente). Desde que salen de la institución donde él está internado para emprender el viaje, el tema suena en tres ocasiones de modo claramente relacionado con el desplazamiento físico y en otras aparece muy brevemente, con él en solitario. En la escena en que Charlie se despide de él se transforma en un tema emotivo y dulce, mostrando el afecto sincero de Charlie por su hermano.

Junto a éste hay otro tema íntimo y sentimental, que es de Raymond pero que también implica desde el primer momento a su hermano. Tiene ciertos aires orientales que Zimmer justificó así: «Raymond no sabe dónde está. El mundo es tan diferente para él. Bien podría estar en Marte. Así que, ¿por qué no inventamos nuestra propia música para un mundo que en realidad no existe?». Es un tema que muestra su mundo interior, tan fuera de lugar y tiempo, como una pieza que no encaja en el contexto. Le aporta un aire de fragilidad que contrasta con la música para Charlie. La escena de Las Vegas es el único momento en que Charlie respira libertad, porque en el resto está y se siente atado —muy a su pesar, hasta la resolución final— a su hermano. Tanto es así que el tema interior de Raymond le implica directamente, lo que evidencia la atadura invisible pero también muy visible que los une: en todas las escenas en que suena —son cuatro— ambos están juntos, siendo destacada por lo afectuoso cuando Charlie le explica que debe regresar a la institución. Es también la primera música que suena en créditos finales, un tributo a un personaje único.

Otras películas con Levinson

Zimmer ha colaborado con el director en tres filmes más: *Toys* (1992), *Agarrados por los pelos* (2000) y *El superviviente de Auschwitz* (2021). La primera, con Robin Williams como heredero de una fábrica de juguetes que lucha por impedir que se produzcan juguetes bélicos, fue un calamitoso fracaso. Zimmer hizo uso del new age, de la participación vocal de Enya y de un recurrente tema principal, pero sobre todo se recuerda por la canción infantil de apertura y cierre, «The Closing of the Year», que versionarían Plácido Domingo o Sarah Brightman. El segundo filme es una comedia sobre un católico y un protestante en el Belfast más conflictivo. La partitura es de sabor irlandés y escocés mezclado con ritmos pop de los ochenta y un tema solemne y romántico. Finalmente, en *El superviviente de Auschwitz*, sobre un boxeador atormentado por sus recuerdos en el campo de concentración, firmó una creación dramática desarrollada alrededor de un tema principal dolorido y desolador.

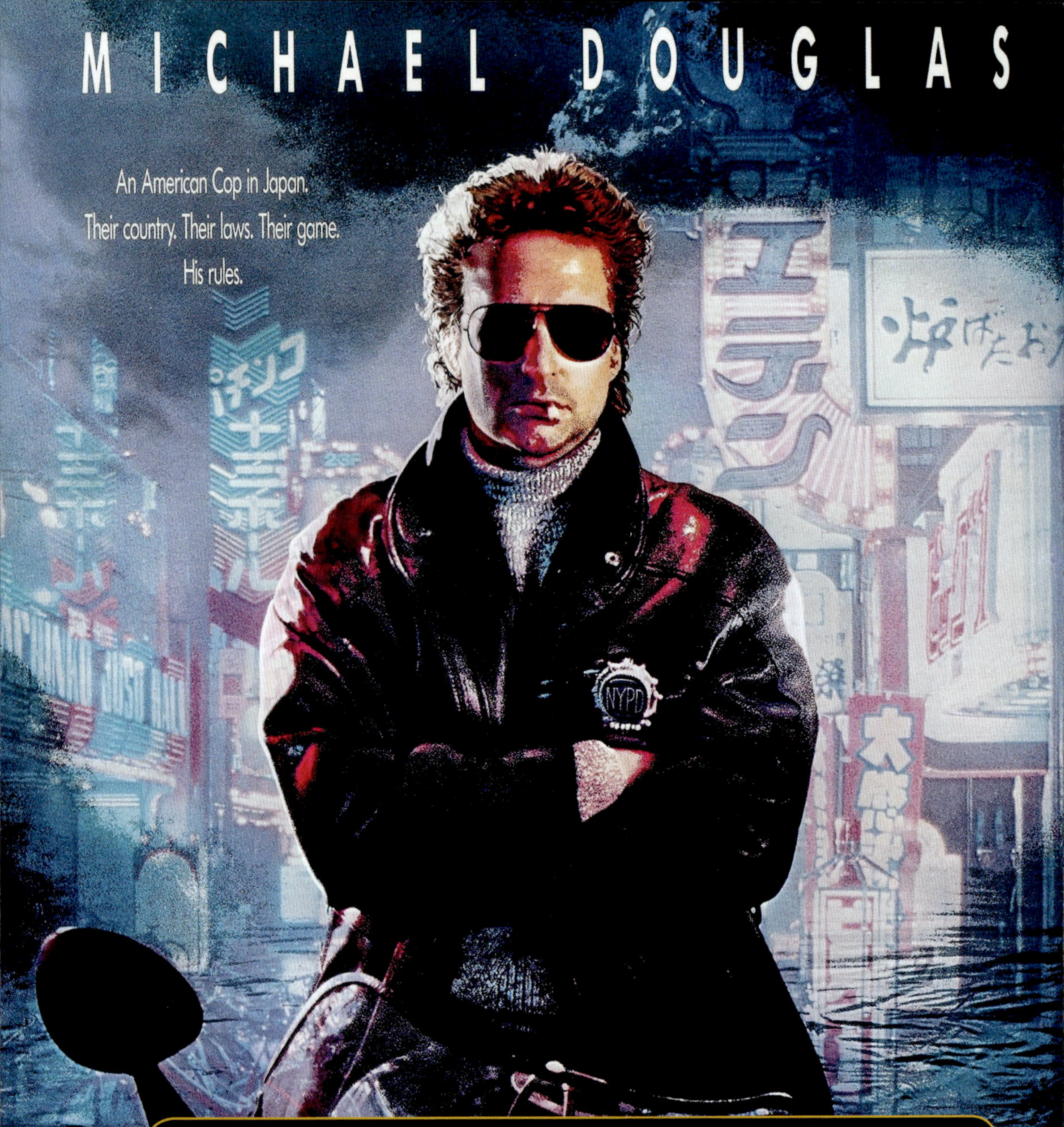

BLACK RAIN

«Zimmer contra la yakuza»

FECHA: 1989. EE. UU.

Dir.: Ridley Scott.

Intérpretes: Michael Douglas (Nick Conklin), Andy García (Charlie Vincent), Ken Takakura (Masahiro Matsumoto) Yūsaku Matsuda (Koji Sato), Kate Capshaw (Joyce).

ARGUMENTO:

Dos policías de Nueva York deben escoltar a un peligroso asesino de la yakuza hasta Japón, pero en el aeropuerto de Osaka son engañados y se escapa. Se unen entonces a la policía del país para atraparlo.

LA MÚSICA:

Esta obra fue un punto de inflexión en la música para el cine de acción, tanto que buena parte de las bandas sonoras del género en los años noventa —de Zimmer y de otros compositores— tienen aquí parte de su germen. El compositor explicó que tenía cierto miedo de Ridley Scott por su mala fama en su trato con los compositores y le preguntó qué es lo que debía hacer para no ser despedido. Su respuesta: *«no hacer una sinfonía»*. Scott se refería no al tipo de música sino a que no *parasitase* el filme para exhibirse. La música fue hecha con orquesta de cuerdas y metales, con electrónica e instrumentos étnicos como el *shakuhachi* o el *koto*. También hay canciones, siendo las más destacadas «Living on the Edge of the Night», interpretada por Iggy Pop y que abre la película, y «I'll Be Holding On», de Zimmer, que la cierra y que versiona el tema de Nick, el principal.

La película y su música lograron un gran éxito, pero fue una mala experiencia para Zimmer, pues tras una proyección privada el productor Stanley Jaffe llegó a gritarle que su música era lo peor que nunca había escuchado, y consecuentemente gran parte fue masacrada: se eliminaron temas, se cambiaron de escenas, se cortaron en trozos y con ello se socavó casi por completo la integridad temática planificada. Como resultado, es uno de los casos donde la música del disco difiere muy considerablemente de lo que aparece en el filme.

Dos mundos en uno

Por el resultado final —a fin de cuentas es lo que permanece— es una banda sonora que a pesar de todo sobrevive en sus intenciones básicas. Hay mucha música de acción y ambiental, la hay adrenalínica y la hay más calmada, con toques japoneses. También hay una música que se reitera bastante, apenas unas notas que referencian la investigación y cuyo destino es el encuentro final con Sato. Pero más allá de estas músicas, lo más interesante es cómo se muestra el entorno de la ciudad de Osaka y sobre todo cómo se ilustra al protagonista, un estadounidense en suelo extranjero.

El tema de Osaka, con poderosas percusiones y la evocadora música japonesa, aparece en cuanto el avión va a aterrizar en la ciudad y la música enfoca la ciudad como oscura y peligrosa a la vez que misteriosa y fascinante, pero luego se focaliza más en la mafia y sus matones, lo que hace que sea de atosigamiento a los dos policías neoyorkinos y a la audiencia. Aparece poco y, probablemente por la masacre en el montaje final, con menos poder y fuerza de lo que habría sido idóneo, pero se mantiene estupenda en una escena dramáticamente significativa: cuando el capo mafioso Sugai le explica a Nick que sobrevivió al bombardeo de Hiroshima y que su plan de falsificación masiva de billetes es su venganza por la *lluvia negra* que sufrió y por la corrupción de la generación japonesa más joven con ideales occidentales. La música, aquí y automáticamente, se convierte en la del resentimiento contra los norteamericanos.

Frente a este tema oscuro, siniestro, incluso amargo, está el tema de Nick, que hermosamente no lo trae consigo de Estados Unidos sino que surge en suelo japonés, aunque es de clara inspiración norteamericana. Es dulce, con cierta melancolía e irá transformando su tono de estadounidense a japonés. Suena en varias ocasiones en las que siente aflicción por la pérdida de su compañero asesinado, lo que aporta pesadumbre y dramatismo. Se convierte así en un tema que funciona en su contra, pues le debilita. Hasta que al entregar a Sato a la policía cambia a una perspectiva positiva y resolutoria, y el carácter nipón de la música hace que Nick quede plenamente integrado, como uno más, en un país que no era el suyo. También con esta música Nick, y con él Hans Zimmer, vence a la yakuza.

DRIVING MISS DAISY

PASEANDO A MISS DAISY

«Música del presente para una historia del pasado»

(DRIVING MISS DAISY)

FECHA: 1989. EE. UU.

Dir.: Bruce Beresford.

Intérpretes: Jessica Tandy (Daisy Werthan), Morgan Freeman (Hoke Colburn), Dan Aykroyd (Boolie Werthan).

Premios: Grammy (nominación).

ARGUMENTO:

En Atlanta, Georgia, a finales de los años cuarenta, una tozuda anciana sufre un accidente con su coche y debe aceptar a regañadientes un chófer negro que su hijo ha contratado para llevarla. Entre ambos se establecerá una estrecha relación a lo largo de los años.

LA MÚSICA:

La película es una adaptación de la obra teatral de Alfred Uhry de 1987, que ganó el premio Pulitzer. Como había sucedido el año anterior con *Rain Man*, también ganó cuatro Óscar: mejor filme, actriz —Tandy—, guion adaptado y maquillaje. Zimmer participó así en dos filmes consecutivos ganadores del Óscar, algo llamativo para un recién llegado a la industria norteamericana.

A pesar de su origen teatral, el filme aprovecha los exteriores y se insertan bastantes momentos sin diálogos, lo que facilita a la música sitio y espacio para mostrarse y explicarse. La hay preexistente, ambiental, y la hay original, dramatúrgica. De la primera suenan «I Love You (For Sentimental Reasons)» y «Santa Baby», de la época, o clásicos como «What a Friend We Have in Jesus» o «Rusalka», de Antonin Dvořák. En un vivo contraste —que resultará productivo y significativo— la música de Zimmer es deliberadamente anacrónica: más propia de los ochenta, hecha con *samplers* y sintetizadores emulando el clarinete, el piano o el banjo, entre otros instrumentos.

Música para viajar

La banda sonora cuenta con tres grandes temas musicales: uno es genérico y los otros dos son para cada uno de los dos protagonistas, Daisy y Hoke. La música más conocida de la película (y una de las más reconocidas de Zimmer en esa etapa) es muy pegadiza, empática y dinámica, mezcla estilos y aporta desenfado. No tiene un significado concreto pues es un tema genérico colorido, a ratos moderno —lo que funciona en contraste con la historia de dos personas mayores en los años cuarenta y cincuenta—, y en otros orgánico, con toques country y folk. Es el punto de partida de la película, se presenta en créditos iniciales, aparece siempre vinculado al automóvil (aunque no es la única música que suena en el vehículo), y ayuda a meter a la audiencia en la historia. Se presencia pocas veces, apenas seis minutos sin contar créditos finales, es muy vistoso y no pasa inadvertido, sino que está de forma evidente, para ser escuchado. Pese a ello no es la música más importante del filme.

A Hoke, un hombre humilde y bueno, le falta trabajo y le sobra paciencia. Zimmer le asigna una música sencilla que genera a su alrededor un aura de confianza y de paz, lo que resulta relevante en su relación con Miss Daisy. No expresa sus emociones, no está hecha para eso sino para proyectar su luz sobre los demás. Aparece en seis escenas, siempre transmitiendo positividad que funciona como contrapeso a la relativa melancolía en la música de ella. La de Daisy, por su parte, es música evocadora con aires que recuerdan a Ennio Morricone —compositor favorito de Zimmer— y que en sus tres primeras

apariciones se relaciona con algo relativo a su pasado: Hoke observando una fotografía suya escolar, cuando visitan el cementerio o en una parada durante un viaje, mientras rememora sus recuerdos de infancia junto a su padre. Hay melancolía en su tema, pero también entereza y dignidad, que es con la que ella se significa. Es especialmente importante la escena cuando da las primeras muestras de sufrir senilidad, mientras aturdida cree ser aún maestra de escuela y su música, como sus recuerdos, parece estar difuminándose, borrándose.

Su hijo toma la decisión de ingresarla en un asilo y vender la casa. El recorrido con la cámara por las distintas estancias del hogar se aprovecha para llenar sus rincones con el tema musical, pues para ella es la música de su pasado y de ese lugar: termina de sonar justo en el lugar donde comenzó en el filme, en su fotografía de infancia. Pero en un giro final, hermoso y poético, mientras Hoke la ayuda afectuosamente a comer en el geriátrico, el tema, dulce y cálido, reaparece para evidenciar que todo lo bueno que representa permanecerá vivo mientras él, su chófer y ahora su amigo, esté junto a ella dándole su amor, hasta el final de sus días. No es la música más conocida del filme, pero no hay otra que sea más importante.

DE REPENTE, UN EXTRAÑO

«Duelo musical entre desiguales»

(PACIFIC HEIGHTS)

FECHA: **1990**. EE. UU.

Dir.: John Schlesinger.

Intérpretes: Melanie Griffith (Patricia Palmer), Matthew Modine (Drake Goodman), Michael Keaton (Carter Hayes/JamesDanforth), Mako (Toshio Watanabe).

Música adicional: Shirley Walker.

ARGUMENTO:

Una pareja joven que ha comprado y reformado una casa se ve forzada a alquilar dos apartamentos para sufragar los gastos. Uno es alquilado a un matrimonio oriental y otro a un extraño individuo que acaba por generar una gran pesadilla.

LA MÚSICA:

Para este *thriller*, Zimmer recurrió a clichés pero también tomó algunas decisiones menos ortodoxas. Hay distintos tipos de música, bien con electrónica o con instrumentos reales: folk, oriental y singularmente jazz, en el que participan Chuck Domanico (bajo), Walt Fowler (trompeta), Mike Lang (piano) o Gene Cipriano (saxofón). También es destacable la voz de Carmen Twillie, que más tarde trabajaría en *El rey león* (1994) cantando «Circle of Life», pero cuya participación aquí se asemeja a la de Edda Dell'Orso con Ennio Morricone.

Cóctel de estilos

El jazz da un tono de cine negro a la película que no logra consolidarse, como tampoco el duelo musical entre los personajes, *a priori* interesante pero no del todo conseguido. La banda sonora es un cóctel de estilos en distintos niveles: en los lugares, en el ambiente y en lo dramático. Son dos los lugares que Zimmer diferencia: por un lado Desert Spring, donde arranca el filme, y San Francisco, donde se desarrolla el grueso de la historia. Para el desierto hay música que recuerda la de *Rain Man* (1988), por sus aires propulsivos y un folk algo impostadamente orgánico, pero que en todo caso marca territorio y diferencia con la gran urbe. Suena en la primera secuencia, con un coche atravesando la carretera del desierto con dos hombres y un bate de béisbol preparado para dar una paliza a Carter Hayes. Sonará bastante más adelante cuando Patricia recorre el mismo lugar para hablar con la amante de este personaje. En San Francisco lo que predomina es el jazz cálido y urbano con el tono melancólico tan propio del género *noir*. La escena en la que la pareja reforma la casa es dinamizada con flamenco (sin razón aparente) y los otros inquilinos, el matrimonio oriental, aportan obvia música oriental, pero sin mayor relevancia. Junto a toda ella, música de sintetizadores para generar tensión, pero que es importante para crear ambiente y no es especialmente relevante.

Una oportunidad desperdiciada

Sí es relevante en cambio cómo Zimmer traslada el conflicto de los tres protagonistas al terreno musical, buscando que a través de sus músicas se muestre también sus emociones. Lamentablemente este conflicto, que está y existe, queda prácticamente invisibilizado por la casi invisibilidad de uno de los temas centrales, infrautilizado: el de James Danforth (la verdadera persona escondida en su impostura como Carter Hayes), que lejos de ser el tema típico de villano o de psicópata es el de alguien inseguro y desolado. Es una cálida melodía que recuerda por su tristeza la música de John Barry y que le presenta al principio del filme, mientras está haciendo el amor con su amante. Pero se evidencia que es suya, y no compartida, cuando tras la paliza recibida se queda pensativo con esa música. Es un perdedor, su familia le ha rechazado y no quiere saber nada de él, y su música le aporta humanidad y profundidad.

Patricia y Drake comparten un sencillo tema romántico que suena una decena de veces, muestra su amor pero también su fragilidad, y en los peores momentos es muy dramático. Como sucede con el de James, el piano es el instrumento principal, lo que en cierta manera los une. Desde que Carter/James se instala en la casa, no suena ni una nota de su música: primero está engañando y luego dominando, lo que hace entendible que esconda su yo interior, el del principio de la película. Pero cuando Patricia encuentra la postal que revela su identidad, entonces el tema de James se oye nuevamente y sonará seis veces más mientras ella prepara y ejecuta la venganza. En este proceso, el tema de Patricia y Drake también se oye (es la motivación/revancha) y se alterna con el de James (víctima), pero el de éste es apenas perceptible, lo que hace que el duelo entre temas no sea visible. Para empeorarlo, en el contraataque de James, cuando va a matar a Patricia, su tema vuelve a aparecer pero demasiado en segundo plano, con lo que se desperdicia la oportunidad de mostrar el lado enfermo de aquel hombre vulnerable. La película concluye, claro, con el tema de Patricia y Drake, aquí el principal, pero por la falta de tensión con el que podía haber sido un gran contratema, es un cierre del filme poco emotivo. Quizás a Zimmer le faltara algo de experiencia.

THELMA Y LOUISE

«Zimmer transforma lo dramático en poético»

(THELMA AND LOUISE)

FECHA: 1991. *EE. UU.*

Dir.: *Ridley Scott.*

Intérpretes: *Geena Davis (Thelma), Susan Sarandon (Louise), Brad Pitt (J.D.), Harvey Keitel (Hal Slocumb), Michael Madsen (Jimmy Lennox).*

Música adicional: *John Van Tongeren.*

Premios: *Bafta (nominación).*

ARGUMENTO:

Thelma y Louise emprenden juntas un viaje en coche para alejarse de la rutina de sus vidas y de sus frustraciones, pero cuando un hombre intenta violar a una, la otra le dispara matándole, comenzando para ambas una frenética huida hacia adelante.

LA MÚSICA:

Tras *Black Rain*, ésta fue la segunda de las seis películas que Zimmer hizo con el director. Por la localización del filme —el sur de Estados Unidos— la partitura de aires country rock resultó de lo más oportuna. El compositor colaboró con el guitarrista británico de rock y blues Pete Haycock, cuyas interpretaciones líricas suenan a lo largo del filme. Otros instrumentos como la guitarra slide, el banjo, la armónica, el violín o el órgano Hammond se combinan con la percusión contemporánea y los teclados Groovy. Asimismo hay varias canciones, de otros autores: «Little Honey» (Kelly Willis), «Wild Night» (Van Morrison), «Mercury Blues» (Charlie Sexton), «The Way You Do the Things You Do» (The Temptations) o «Better Not Look Down» (B.B. King), que funcionan ambientalmente o que son escuchadas por los personajes.

Perseguidores y perseguidas

Aunque la esencia de la película es dramática también contiene dosis de humor y desenfado en algunas de las situaciones o de los personajes con los que ellas se cruzan: en especial el interpretado por Brad Pitt, también un par de camioneros que las acosan y reciben por ello su merecido y especialmente la policía. Hay temas ambientales para planos generales o para algunas conversaciones entre ellas mientras van en coche. También hay una música blues con guitarra y armónica que se vincula a J.D. (Brad Pitt) y le da un aire cálido, sensual, casi sudoroso. Para la policía está especialmente el banjo, que aporta celeridad en los momentos más animados, como en las persecuciones por el estado de Arkansas, donde se complementa con sintetizadores y guitarra.

Pero las protagonistas en lo musical son, obviamente, Thelma y Louise. Comparten dos temas que aparecen independientes en diversos momentos pero que convergen en la secuencia final, la del suicidio. El primero, y el que más presencia tiene, es con un solo de la guitarra eléctrica de Haycock, un blues que aunque en la edición discográfica de la banda sonora se tituló «Thunderbird» (el modelo del coche) no es obviamente música para el auto sino para sus dos ocupantes: su aire lánguido y evocador refuerza la idea de

soledad pero también de integración en el entorno y en la esencia del paisaje, ayudando a sumar a las dos mujeres en las imponentes mesetas y los desiertos. Paralelamente, hay otro tema que se relaciona con la determinación de ambas mujeres por seguir adelante cueste lo que cueste: es la música de una decisión y como tal alcanza su plenitud poética cuando, con coro góspel espiritual, se une al otro tema para llevarlas a precipitarse con el coche por el abismo: es un momento de tragedia pero también de absoluta liberación en el que la música de Zimmer participa no lamentando sino celebrando. Esa escena final ha pasado a la Historia del Cine como una de las más emblemáticas, y la contribución del compositor fue fundamental para transformar su dramatismo en poética belleza.

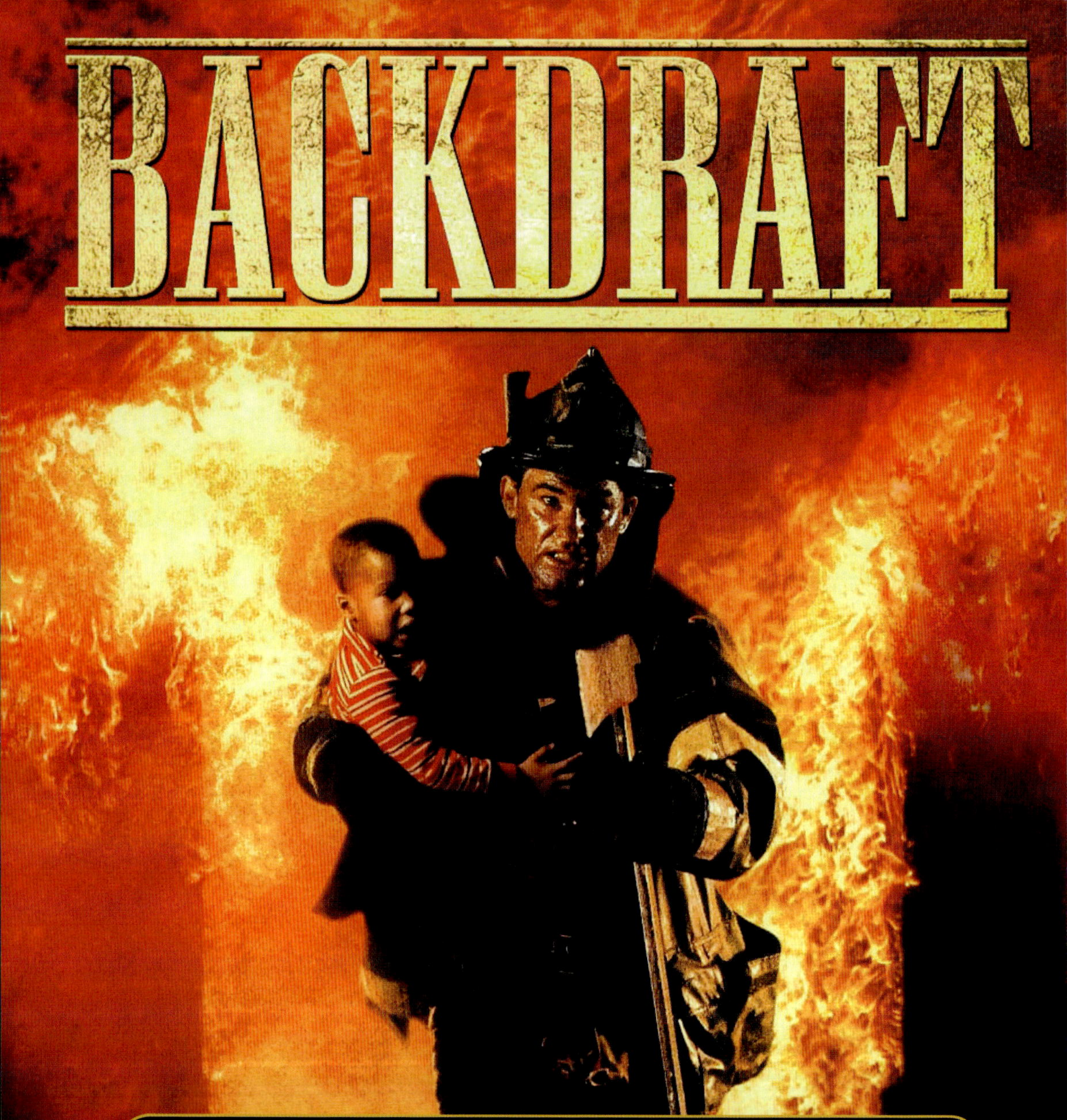

LLAMARADAS

«Música para lo heroico y lo destructivo»

(BACKDRAFT)

FECHA: **1991**. *EE. UU.*

Dir.: *Ron Howard.*

Intérpretes: *Kurt Russell (Dennis McCaffrey) William Baldwin (Brian McCaffrey), Scott Glenn (John Adcox), Jennifer Jason Leigh (Jennifer Vaitkus), Rebecca De Mornay (Helen McCaffrey), Donald Sutherland (Ronald Bartel), Robert De Niro (Donald Rimgale).*

ARGUMENTO:

Siendo niño, Brian vio morir a su padre en acto de servicio, pero veinte años después sigue sus pasos y entra en el cuerpo de bomberos de Chicago, donde también está su hermano mayor, Dennis. Su trabajo consiste en investigar incendios sospechosos de haber sido provocados.

LA MÚSICA:

Primera de la casi decena de colaboraciones de Zimmer con Ron Howard, en ella consolidó la inflexión iniciada en *Black Rain*, que tanto marcaría la seña de identidad en su carrera posterior, con ampulosas músicas sinfónicas y corales con electrónica. Hecha con orquesta de 95 músicos (concentrados especialmente en las secciones de cuerda y metales) y un coro, domina un majestuoso tema principal que se impone de modo categórico —tanto en lo presencial como en lo emocional— a otras músicas que, aunque menores, conforman un conjunto de temas que ayudan a definir a los personajes e incluso a dar vida al temible fuego. Asimismo hay canciones, como «Set Me In Motion» o «The Show Goes On» (ambas, de Bruce Hornsby and The Range), pero aportan poco comparativamente a lo que suma Zimmer.

La fuerza del valor

El protagonismo absoluto del tema principal, oda al heroísmo de los bomberos, se aprecia en el mismo arranque: Zimmer subraya el dramatismo de la historia con una breve exposición solista de trompeta, acompañada de notas en registro bajo, y también en las escenas iniciales, en los créditos, cuando el pequeño Brian acompaña admirado a su padre para verle apagar un fuego. Es una música poderosa en la que resuenan marciales las percusiones mientras los coches de bomberos atraviesan la ciudad, representando al cuerpo de bomberos pero también a cómo los ve el pequeño. Vuelve a aparecer con Brian adulto participando en una misión, aunque no suena tan entusiasta sino más ponderado pues a fin de cuentas ése es su trabajo, que comporta disciplina y valor. Pero reaparece esplendoroso durante el funeral de su hermano por las calles de la ciudad, si bien su emotividad se multiplica aún más en la escena final, cuando sigue adelante como bombero y los coches de bomberos se alejan mientras aparecen los créditos de cierre. Este tema musical no es sólo la columna vertebral de la banda sonora sino el que mayor emotividad confiere a la película.

Junto a este hay también un breve tema con piano para los dos hermanos, a quienes presenta inicialmente desunidos pero que los mostrará reconciliados en la escena donde Dennis muere: de hecho, vuelve a sonar tras el funeral, cuando Brian le evoca y brevemente también cuando se hace cargo de un nuevo bombero al que ha de instruir. Es una bella inserción que expresa continuidad y hermandad. A un nivel de menor relevancia hay un tema de amor para Brian y Jennifer y otro que aparece brevemente en una escena íntima entre Dennis y Helen y luego en el funeral insertado junto al tema principal.

Frente a todos ellos, y en un contraste absoluto y radical, está la música para el fuego, mostrado como ser vivo que es (que «respira, se alimenta y odia», afirman en el filme). Es una música con texturas electrónicas que parece gruñir pero que también tiene voces y efectos corales con disonancias que lo muestran como algo sofisticado, poderoso. Las secuencias de incendios y rescates van acompañadas de instrumentos de metal y cuerdas tensas que describen las llamas y explosiones de forma onomatopéyica, mientras que la percusión está completamente ausente. Zimmer eleva así lo dramático a niveles casi operísticos, y su banda sonora resultó ser lo suficientemente fuerte como para poder ser escuchada a lo largo de la película por encima de los impresionantes efectos de sonido, que son también parte muy protagonista en el filme. Sigue siendo, y con razón, una de las bandas sonoras más celebradas del compositor.

LA FUERZA DE LA ILUSIÓN

«Fantasía musical frente al horror»

(RADIO FLYER)

FECHA: 1992. EE. UU.

Dir.: Stanley Donen.

Intérpretes: Lorraine Bracco (Mary Marshall), Elijah Wood (Mike niño), Tom Hanks (Mike adulto), Joseph Mazzello (Bobby), Adam Baldwin (Jack).

ARGUMENTO:

Un hombre rememora su infancia en la que su hermano sufrió palizas por parte de su padrastro y construyó, a partir de un juguete, un avión para que pudiera escapar de él.

LA MÚSICA:

Esta fue la única ocasión en que Zimmer colaboró con el director de *Superman* (1978). Es una película con el trasfondo tan severo y dramático de un niño que recibe constantes palizas (nunca son mostradas, ni tan sólo sonoramente, pero se enseñan las consecuencias físicas), en un contexto argumental de descubrimiento, de aventuras y de fantasía propio del cine infantil. Quizá por esta razón las críticas fueron negativas, se acusó al filme de frivolizar cuando no ignorar la violencia infantil. Ciertamente no es una película para ser vista por menores y para los adultos es complicado entender su perspectiva, pues parece pasar por alto o incluso minimizar la gravedad de lo que sucede. La música de Zimmer es decisiva para focalizar la película en esa dirección que no fue bien aceptada pero que, no sin mucho riesgo, fue deliberada: explicarla desde el punto de vista de dos hermanos que intentan sobrellevar su infierno para proteger a su madre (así lo explican, porque la ven feliz y quieren que siga siendo feliz) y que llegan incluso a aceptar como normal lo que a ojos del resto del mundo no lo es. Pero es el enfoque que tiene el filme, guiado por la música de Zimmer. Así pues, el compositor se explaya con un abanico muy amplio (alrededor de una hora) de músicas optimistas y fantasiosas hechas con orquesta sinfónica, sintetizador y el uso de instrumentos como la armónica, la flauta de pan, el piano y el clarinete.

Las dos miradas

No todo se muestra desde la perspectiva de los niños, y éste quizás es el error del filme en general y de la música de Zimmer en particular, porque parte de la historia es explicada por Mike adulto a sus hijos, al principio de la película, y luego con voz en off. Su relato es subrayado con bella música, como si hubiera olvidado lo que sufrió su hermano. Sucede también que hay ocasiones en que la música se vuelve oscura y turbia, coincidiendo con la presencia del maltratador y antes de que vaya a golpear a Bobby, músicas que no buscan tanto mostrar el miedo de los niños como generar tensión y rechazo en la audiencia, lo que supone que Zimmer se posiciona, pero ese posicionamiento no va a más.

La música, con sus aires orgánicos y con la fortaleza de un brillante tema principal que lo estructura todo, se incluye entre las bandas sonoras más hermosas en la carrera del compositor durante esos años. Tiene magia y gracia, y es bucólica y festiva, con momentos incluso carnavalescos. Ayuda a envolver a los niños y aislarlos del entorno crudo, a que mantengan su espíritu infantil y jovial. Es una mirada cinematográfica y musical que se entiende desde los ojos de los pequeños pero se hace más complicado asumirla desde la de los adultos. Sólo por esta contradicción creativa y dramatúrgica el filme y su banda sonora —incluso con sus desaciertos— merecen ser mencionados y debatidos.

LA ASESINA

«El corazón musical de una máquina de matar»

(POINT OF NO RETURN)

FECHA: 1993. EE. UU.

Dir.: John Badham.

Intérpretes: Bridget Fonda (Maggie/Claudia Anne/Nina), Gabriel Byrne (Bob), Miguel Ferrer (Kaufman), Víctor (Harvey Keitel), Amanda (Anne Bancrof).

Música adicional: Nick Glennie-Smith.

ARGUMENTO:

Remake de la película francesa de Luc Besson *Nikita, dura de matar* (1990), sobre una mujer que se libra de la pena de muerte a cambio de trabajar al servicio del Gobierno como asesina a sueldo.

LA MÚSICA:

Zimmer firmó una de sus bandas sonoras de acción más emblemáticas de inicios de los años noventa. Combina orquesta y electrónica con guitarra eléctrica, trompeta con sordina, percusiones y voz góspel de Sam Ellis. La protagonista es declarada admiradora de la cantante Nina Simone, y en consecuencia algunas de sus canciones suenan en el filme integradas como parte de la música dramática y para dar profundidad al personaje. Entre otras, «Here Comes The Sun», «Feeling Good» o «Black Is the Colour of my True Love's Hair».

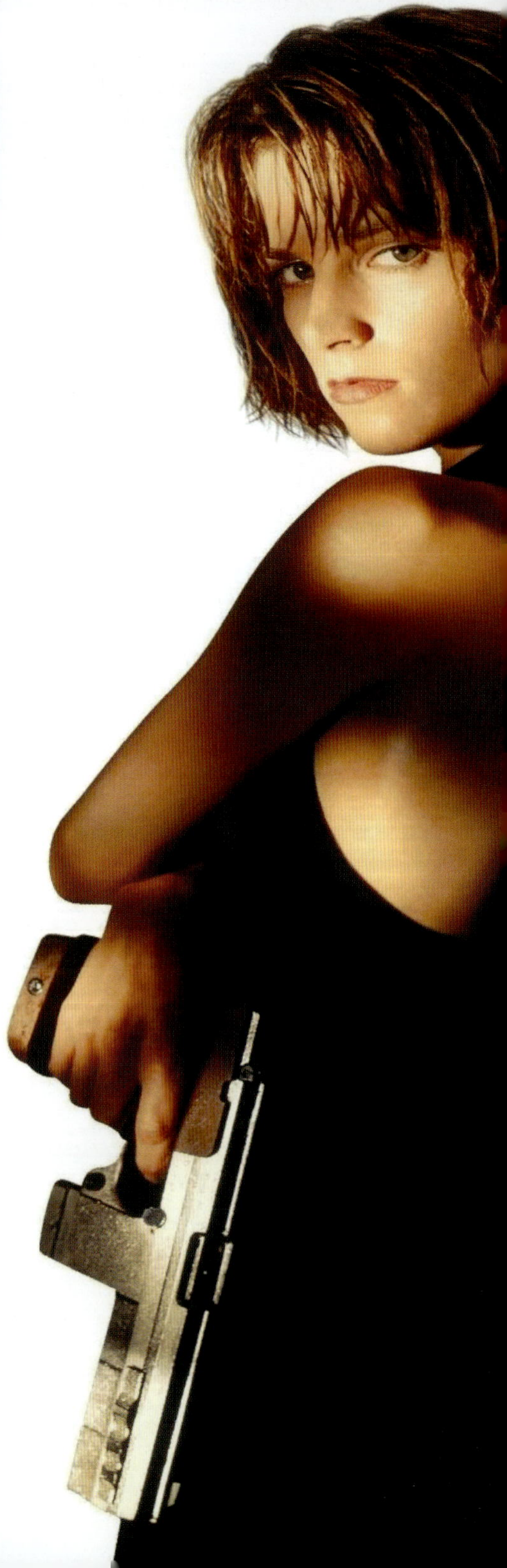

Dura pero sensible

Zimmer estructura toda su creación alrededor de la protagonista. Hay un antes y un después en la música: está la que se corresponde a su comienzo como drogadicta que roba bancos y está la de la asesina fría y metódica. El personaje es presentado en su peor estado: ella es una drogadicta que asalta bancos y la música a su alrededor es tóxica y destructiva, oscura y agresiva, y también estridente y sucia. Es una música que, como ella, está prácticamente muerta.

La transformación del personaje viene acompañada de una transformación completa de su música: a su nuevo aspecto y actitud se suma una música con nuevo aspecto y actitud. Es el tema principal de la banda sonora, que describe su carácter rudo pero también muestra su parte más vulnerable. Su frialdad como asesina a la vez que su necesidad afectiva. Es una dualidad dramática expuesta por Zimmer con sensibilidad gracias al piano y a suaves sonidos sintéticos. Suena frecuentemente en el filme, modulando o siendo modulado por los cambios de ánimo de la mujer, y es el absoluto conductor emocional del personaje. En frecuentes ocasiones llega a ser más expresivo y explicativo que ella misma, que es poco comunicativa. El tema principal la amplifica poderosamente y le otorga mucha profundidad emocional, manteniendo siempre un delicado equilibrio entre sus ganas de vivir y la frialdad con la que mata. Cuando empieza a cuestionarse y surgen sus dudas es cuando la música empieza también a quebrarse, exhibiendo en esta fase la parte más humana y menos fría de la mujer.

El resto de la música en la película es una gran fiesta de electrónica y rock, es abundante y funciona tanto en lo ambiental como especialmente para dar énfasis a la acción, pero lo que se destaca es la gran contribución de Zimmer a completar el personaje de la protagonista y, sobre todo, a hacerla más interesante.

A tiros con John Badham

Ésta fue la segunda y mejor colaboración de Zimmer con el director. Antes habían trabajado en *Dos pájaros a tiro* (1990), comedia de acción con Mel Gibson como un hombre que vive con una nueva identidad acogido al sistema de protección de testigos pero que es descubierto por su exnovia (Goldie Hawn), que le creía muerto, justo en el mismo momento en el que un criminal que acaba de salir de la cárcel va a vengarse de él. Para Zimmer —y para la audiencia de la película— fue un divertimento muy extravagante y loco, con mezcolanza de estilos (flamenco, oriental, jazz...), músicas sinfónica y naturalmente la electrónica característica de su música en la época. Cuenta con un brillante y hermoso tema principal que es aplicado a lo largo del filme con distintas variaciones, junto con temas de acción.

La tercera y última película que hicieron juntos fue *Salto al peligro* (1994), filme de acción en el que Wesley Snipes interpreta a un policía que tras perder a su hermano cuando un grupo de ciberterroristas paracaidistas secuestra su avión se infiltra en la banda. Fue una banda sonora casi completamente electrónica con algunos instrumentos reales, como solos de guitarra eléctrica, trompeta y una voz femenina conmovedora en la escena final. Sus aires de rock y su tema principal, el aporte dramático de la banda sonora, son lo más destacado, pero en su conjunto es un explosivo espectáculo de pirotecnia musical dispuesto para el énfasis de la acción más espectacular.

AMOR A QUEMARROPA

«Zimmer en el mundo de Quentin Tarantino»

(TRUE ROMANCE)

FECHA: *1993. EE. UU.*

Dir.: Tony Scott.

Intérpretes: Christian Slater (Clarence Worley), Patricia Arquette (Alabama Whitman) Dennis Hopper (Clifford Worley), Gary Oldman (Drexl Spivey), Brad Pitt (Floyd), Christopher Walken (Vincenzo Coccotti).

Música adicional: John Van Tongeren, Mark Mancina.

ARGUMENTO:

Un joven solitario celebra su cumpleaños con una sesión triple de películas de Kung Fu en un destartalado cine. Entonces entra una explosiva prostituta contratada por los amigos del protagonista para que pase una noche divertida, pero ambos acaban por enamorarse.

LA MÚSICA:

El tema principal de la banda sonora adapta (pero sin acreditarlo) la pieza de Carl Off *Gassenhauer*, de los años veinte del siglo pasado, que también había sido el eje musical del filme de Terrence Malick *Malas tierras* (1973), clásico que probablemente Tony Scott quiso homenajear incorporando esta música. Los xilófonos y las marimbas son los instrumentos más importantes, no sólo por el tema principal sino también en otros temas, y hay asimismo música electrónica con propósitos ambientales y dramáticos. También hay canciones: «Graceland» (Charlie Sexton), «In Dreams» (John Waite), «I Need A Heart To Come Home To» (Shelby Lynne) o «Two Hearts» (Chris Isaak), pero la música preexistente más significativa es el «Dúo de las flores», de la ópera del siglo XIX *Lakmé*, de Léo Delibes, que suena en el asesinato de Clifford Worley, el padre del protagonista, a manos de Vincenzo Coccotti, lo que funciona como contraste brutal pero también para remarcar el poder, refinamiento cruel e indiferencia del gánster.

Ingenuidad en un contexto de violencia

Esa escena donde se asesina al padre del protagonista lleva la marca indeleble de Quentin Tarantino, autor del guion, que vendió para financiar *Reservoir Dogs* (1992). *Amor a quemarropa* es, de hecho, una película muy *tarantiniana*, lleva más su marca y estilo que los de Tony Scott, y la banda sonora forma parte de esa seña identificativa: el equilibrio argumental y dramático entre la música original y la preexistente (incluidas las canciones) es preciso y dinamiza el ritmo y la dramaturgia del filme, coexistiendo armoniosamente. Nada que ver, por ejemplo, con lo que Scott haría poco después —también con Zimmer— en *Fanático* (1996), donde el uso de canciones en lugares inadecuados perjudicó la dinámica dramática de la música original.

Hay dos niveles en la música de Zimmer: el que forma parte de la narración en *off* que hace Alabama y el otro en la historia y los sucesos que se explican en el filme. El tema principal funciona en los dos niveles, y en ambos aporta un aire de cierta ingenuidad que se corresponde con la actitud de los dos protagonistas. Aparece en créditos iniciales con la voz de Alabama explicando el origen de la historia y vuelve a sonar en la escena final nuevamente con ella narrando, y en ambas ocasiones la música marca un tono de desenfado y de alivio pues, a fin de cuentas, todo lo que se muestra en el filme forma parte del pasado para ella, tanto en el relato del principio como obviamente en el del final. Entre ambos espacios el tema conoce algunas variaciones para mostrar sobre todo el contraste de esa ingenuidad con la violencia en la que se ven envueltos, también para integrar a Clifford (el padre de Clarence) en ese espacio de candidez así como para resaltar el afecto que hay entre los dos, pese a sus diferencias.

El segundo nivel es radicalmente antagónico: músicas tensas, desagradables, sucias y virulentas para mostrar el rostro real de la violencia: la paliza que recibe Alabama en manos de un gánster, por ejemplo, secuencia que la música de Zimmer hace más difícil de presenciar. Y también hay música dramática, concretamente un tema para los dos protagonistas que viene a funcionar como el reverso del tema principal, suena cuando Clarence rescata a Alabama muy malherida de esa paliza y nuevamente cuando ella cree. que él va a morir tras haber recibido disparos. Es una música romántica pero muy afectada, que sitúa a ambos en una realidad bien alejada de la fantasía con la

que se envolvían con la música de xilófonos y marimbas. Afortunadamente para ellos, tal y como lo indica la música al principio y en la última escena, el final es feliz. Como en los mundos de Tarantino en el que aquí Hans Zimmer también entró.

LA CASA DE LOS ESPÍRITUS

«Luces y sombras musicales para una epopeya familiar»

(THE HOUSE OF SPIRITS)

FECHA: 1993. EE. UU.

Dir.: Bille August.

Intérpretes: Jeremy Irons (Esteban Trueba), Meryl Streep (Clara), Winona Ryder (Blanca), Antonio Banderas (Pedro), Vanessa Redgrave (Nivea), Glenn Close (Férula).

ARGUMENTO:

Adaptación de la novela de Isabel Allende con la historia de los Trueba, familia chilena de clase alta que, durante tres generaciones, vive los cambiantes acontecimientos de su país desde finales del siglo xix hasta el golpe de Estado que derrocó al gobierno de Salvador Allende en 1973.

LA MÚSICA:

A pesar de las truculencias de la historia, de sus distintas violencias, ésta es una de las bandas sonoras más líricas y hermosas del compositor en esa etapa profesional. La película tuvo mala acogida de crítica y taquilla, lo que ensombreció en buena medida una banda sonora que mereció mejor y mayor reconocimiento. Zimmer empleó sintetizadores pero sobre todo orquesta tradicional para expandir músicas de tono romántico y de exuberante melodrama, pero no fue aplicada a la manera conservadora y ortodoxa, sino de un modo despiezado, incluso inconexo, con temas que se desarrollan de principio a fin, algunos que aparecen pero se quedan a medio camino y otros que incluso cambian de significado sin razón aparente. Quizás fuera un error de planificación o quizás un modo de convertir el filme en un puzzle de historias, zigzagueantes y laberínticas, que ayudan a crear una idea de caos y desorden.

Un lugar llamado Las Tres Marías

La música del tema inicial se desglosa en dos partes: una primera muy dramática y una segunda lírica y hermosa. La primera sólo vuelve a aparecer en el terrible accidente que mata a los padres de Clara, del que ella tiene una visión. La segunda formará el tema principal, el de la finca Las Tres Marías y lo que representa a nivel familiar. El primer momento en que aparece se corresponde argumentalmente con el final de la película (que arranca con su final, lo que por principio debería ser el punto de llegada de la música, no el de partida. Pero no es así.

El arranque cronológico del tema principal sucede con el origen del imperio de los Trueba: Esteban está en una mina en busca de oro, dos años de su vida hasta que logra acumular una fortuna con la que erige la finca. La música le acompaña en todo el proceso y tiempo —veinte años— hasta hacer de Las Tres Marías «una de las haciendas más productivas del país», según se explica. La música expresa solemnemente el esfuerzo y la nobleza de la gesta. Una vez conseguida la finca, su siguiente *posesión* será Clara, su esposa, y por ello en su boda vuelve a sonar la música. Y nuevamente con su hija Blanca al regresar de su internado para pasar sus vacaciones en Las Tres Marías. Sin conocimiento de Esteban, ella le hace señales a Pedro, con quien tiene una relación, y la música también le incluye a él. La última aparición del tema no tiene que ver con la finca sino con la carrera política de Esteban: recién nombrado senador, da un discurso en el senado. El tema musical hace mutis, no volverá a aparecer. De algún modo, así, representa lo que sucede realmente en el argumento: que la política, en la que Esteban se involucra, acaba arruinando todo lo que ha construido. Tanto es así que en el final verdadero, el cronológico, el tema no aparece allá donde al principio de la película sí: cuando Esteban, Blanca y su nieta Alba (hija de Pedro) regresan a la finca en estado de abandono, una vez que Blanca ha sido rescatada de los militares a los que Esteban había apoyado. Esteban, de hecho, tiene un motivo musical sombrío, oscuro, que aparece siempre haciendo hincapié en lo funesto de sus acciones y de las consecuencias que tienen para él. Hay otro tema, inicialmente vinculado con la muerte de la hermana de Clara, cuando ésta es muy pequeña, pero que luego se relaciona confusamente con el hijo bastardo de Esteban, que le dota de un aire siniestro, poderoso y sibilino.

Clara tiene un tema, triste, que aparece mientras es niña y la refuerza en su introversión e infelicidad. Suena ya adulta cuando va a buscar la cabeza de su madre, decapitada en el accidente, pues por una visión sabe dónde está, y nuevamente en el parto de Blanca, evidenciando que ni ese momento le aporta felicidad. Blanca será lo opuesto: tiene un tema espléndido que comparte con Pedro aunque es de ella: una melodía que habla de su fortaleza y determinación (con percusión), de su pasión y ganas de vivir (guitarra española) y de su nobleza de espíritu (oboe). Experimenta algunas transformaciones —remarcando su amor, su deseo, su melancolía...— y finalmente suena de regreso a la finca con su padre, como música de reconciliación.

No es esta una partitura alegre y sí sombríamente dramática, es una de las mejores de Zimmer pero también una de las menos conocidas.

REMOTE CONTROL, LA EMPRESA DE HANS ZIMMER

Hans Zimmer no se conformó con ser compositor de películas y en cuanto pudo —prácticamente recién instalado en Estados Unidos— erigió un estudio musical privado en el que disponer de la maquinaria necesaria para trabajar, pues había constatado lo anticuada que estaba la tecnología musical en la industria norteamericana del cine. Fue un espacio para desarrollar su labor en los encargos que recibía personalmente, pero pronto la convirtió en una empresa que incorporó a muchos compositores emergentes y que hizo crecer exponencialmente hasta convertirla en la mayor fábrica de música del cine mundial: la empresa se llamó Media Ventures.

Media Ventures y más allá

En sus años en Inglaterra, Zimmer conoció a Jay Rifkin, un norteamericano que vivía en Londres desde los trece años, y entabló amistad con él. Juntos crearon un pequeño estudio de grabación en Brighton, donde trabajaron con

varias bandas y en otras actividades. Rifkin regresó a Estados Unidos y se reencontraron años después, cuando Zimmer trabajaba en *Rain Man* (1988), en la que Rifkin se encargó de la producción musical. Ambos percibieron (y sufrieron) el retraso tecnológico que había en Los Ángeles y el 29 de marzo de 1989, fundaron Media Ventures Entertainment Group, estudio al que dotaron de la más moderna tecnología que ayudó a mejorar la producción de música en términos de tiempo y eficiencia. Eso derivó en encargos cinematográficos cada vez más frecuentes y, tras los éxitos de *Black Rain* (1989) o *Llamaradas* (1991), y el Óscar por *El Rey León* (1994) sólo cinco años después de la fundación, los encargos se dispararon hasta hacer necesaria la construcción de un nuevo edificio. Para cumplir con los plazos y asumir más películas convocaron a compositores *freelance* y diversificaron el trabajo. Sumando éxito tras éxito Zimmer pronto se convirtió en figura influyente en Hollywood y en impulsor de un movimiento estético y de producción hasta entonces inédito, sumando a su rol de compositor el de mentor de compositores emergentes y representante de una infraestructura de producción musical muy viable económicamente, que en cierta manera se asemejaba al modo de producción en serie en la época de los grandes estudios cinematográficos. Los compositores, arreglistas y orquestadores trabajaban en uno o varios proyectos simultáneamente, con un concepto industrial y empresarial de crear música para películas. Eso supuso una ingente fuente de ingresos para la compañía, que seguía creciendo y, en poco más de una década, se convirtió en un dinámico centro de producción en el que numerosos compositores emergentes venidos de todo el mundo buscaban probar suerte en el cine. Los productores y directores veían en Zimmer a alguien eficiente y carismático, muy buen gestor y organizador.

Pero unos malentendidos de gestión entre Zimmer y Rifkin, así como serias acusaciones de malversación de Zimmer sobre Rifkin rompieron la relación en 2003. Acabaron en los tribunales pero sin mayores consecuencias. El conflicto no afectó a Zimmer, que transformó Media Ventures en la actual Remote Control Productions con un nuevo socio, Steven Kofsky, productor musical activo especialmente en televisión y videojuegos, lo que amplió el campo de actuación. Por si no era suficiente, algo más adelante Zimmer fundó dos nuevas empresas asociadas: 14th Street Music (en 2010 junto a Lorne Balfe y Steven Kofsky como socios), que se centra principalmente en videojuegos, tráilers, anuncios y espectáculos televisivos, y Bleeding Fingers (en 2013 con Russell

Emanuel y Steve Kofsky), que se nutre de jóvenes compositores y centra su principal actividad en televisión y documentales.

El sistema de producción de Zimmer difiere del de otros compositores. Muchos trabajan como autónomos para un estudio que dispone de una pequeña plantilla de profesionales (orquestadores, arreglistas, mezcladores, etc.), también autónomos, a quienes se encomienda la producción y posproducción. Otros compositores trabajan solos (como Danny Elfman o Alexandre Desplat, por ejemplo). Zimmer, sin embargo, ha creado una estructura cooperativa en la que se comparten espacios, tecnología y encargos y un centro de actividad en el que hay muchos compositores trabajando y ayudándose los unos a los otros. Este sistema nació en realidad en los años británicos de Zimmer y su experiencia con Stanley Myers: Remote Control es consecuencia natural de aquel aprendizaje en el que a Zimmer se le permitió expresarse libremente y fue protegido y aconsejado por alguien relevante. Del mismo modo, Zimmer, y es fácilmente constatable, presta a compositores emergentes la ayuda que él tuvo en los años ochenta. Es solidario y es también económicamente muy rentable.

Los compositores de Zimmer

En su función de mánager, Zimmer facilita que los productores y directores busquen la colaboración de sus compositores asociados, que así encuentran oportunidades generalmente difíciles de conseguir por libre en la industria del cine. Esto ha generado cierta controversia con acusaciones a Zimmer por presuntamente beneficiarse financiera y autoralmente de los neófitos que trabajan en la estructura, pero eso nunca ha sido probado y de hecho todos reciben créditos y son bastantes los que comenzaron ahí y hoy desarrollan sus carreras en solitario.

La lista de compositores que comenzaron en Media Ventures, en Remote Control o en Bleeding Fingers es extensa. Algunos mantienen hoy una carrera en solitario de mucho éxito, como John Powell, Lorne Balfe, Nicholas Britell, Ramin Djawadi, Rupert y Harry Gregson-Williams, Nick Glennie-Smith, Tom Holkenborn (alias Junkie XL) o Benjamin Wallfisch, entre muchos otros. A ellos se suma una lista más larga de jóvenes compositores que, especialmente en Bleeding Fingers, están encontrando su camino: Jacob Shea, Kara Talve, Anze Rozman o David Flemming figuran entre los más destacados.

EL REY LEÓN

«Más allá de África»

(THE LION KING)

FECHA: 1994. EE. UU.

Dir.: Bob Minkoff, Roger Allers.

Canciones: Elton John (música), Tim Rice (letra).

Música adicional: Mark Mancina, Nick Glennie-Smith.

Premios: Óscar, Globos de Oro y Grammy (ganador), Bafta (nominado).

ARGUMENTO:

Un pequeño león tiene que exiliarse después de que su tío, para usurpar el puesto, lo acuse de la muerte del rey, su padre. Pero hace buenas amistades y decide regresar para recuperar lo que es suyo.

LA MÚSICA

La Disney pidió al letrista Tim Rice —que había ganado dos Óscar por canciones de *Aladdin* (1992) y *Evita* (1996)— que escribiera las canciones de este filme con Alan Menken (el compositor estrella del estudio: *La sirenita*, *La bella y la bestia* o *Aladdin*), pero Menken no estaba disponible y Elton John aceptó el encargo. Ambos escribieron cinco canciones: «Circle of Life», «I Just Can't Wait to Be King», «Be Prepared», «Hakuna Matata» y «Can You Feel the Love Tonight», esta última cantada dos veces, una de ellas en créditos finales por el propio Elton John. Para la música instrumental se recurrió a Hans Zimmer, quien pese a que su carrera despuntaba aún era un compositor pequeño para un proyecto tan grande.

Zimmer ya tenía experiencia con música africana: en *Un mundo aparte* (1988) y especialmente en *La fuerza de uno* (1992), película de John G. Avildsen —director de las sagas de *Rocky* y *Karate Kid*—, que excepcionalmente aquí no trabajó con Bill Conti, su habitual compositor. El filme tiene como protagonista a un chico inglés que vive en la Sudáfrica de los primeros años del *apartheid*, régimen al que intenta hacer frente emprendiendo una carrera deportiva. El contexto favoreció la música étnica, con percusiones y coros, temas instrumentales y cantos. Zimmer colaboró con el sudafricano Lebo M., que hizo los arreglos y compuso música adicional. Ésta es una de las películas más dramáticas y crudas sobre el infame *apartheid*, pero la música en su mayor parte es positiva, esperanzadora y bella, pues está del lado de las víctimas. Estrenada un par de años antes de la victoria de Nelson

Mandela, tuvo tal impacto que Zimmer acabó en la lista negra del gobierno. De hecho, cuando volvió a formar equipo con Lebo M. para *El Rey León* el estudio le insistió en que no era seguro que viajara de nuevo a Sudáfrica para grabar la banda sonora.

Esta experiencia y su encuentro con Lebo M. fueron decisivos para que Zimmer superara sus recelos de hacer música para un filme de animación (por no saber qué música poner a los animales y porque no quería hacer lo que creía más un musical de Broadway), y creó una partitura inspirada en el Continente, con orquesta sinfónica, coros, electrónica e instrumentos étnicos. Fue un éxito monumental: Rice y Elton John ganaron el Óscar por la canción «Can You Feel the Love Tonight» y Zimmer por la música. El álbum de la banda sonora fue una sensación y la película daría lugar a una franquicia de filmes, series televisivas, videojuegos, un musical escénico y un *remake* de acción real en 2019.

La evocación del padre muerto

Zimmer ha explicado que la historia de un niño (león) que pierde a su padre (león) le recordó su propia experiencia, cuando perdió a su padre con sólo seis años de edad. Nunca había tenido la ocasión de exponer sus sentimientos al respecto, así que volcó mucho de sí mismo en la película. Para dar homogeneidad intervino también en los arreglos de las canciones —algunas de ellas, como «Circle of Life», llevan claramente impreso su sello y estilo—, y con su colaborador Mark Mancina hizo desarrollos y también compuso música instrumental independiente. Hay de todo: música para comedia, sentimental e incluso trágica. Fragmentos del himno latino del siglo XIII *Dies irae* y del *Réquiem* de Mozart se referenciaron en la escena de la muerte de Mufasa.

El filme se abre de modo espectacular con «Circle of Life», con el legendario y lastimero grito de Lebo M., y Carmen Twillie la canta con un coro africano, amplia orquesta y bella flauta de pan. Es una obertura que sienta las bases del tono y la gama de colores que tendrá la música en el resto del filme. Las demás canciones son divertidas, dramáticas o sentimentales, pero ninguna tiene tanto poder y fuerza como esa primera: «I Just Can't Wait to Be King» es un festival de exuberancia y arrogancia juvenil. Por el contrario, «Be Prepared» (interpretada por Jeremy Irons) destila perversidad seductora; «Hakuna Matata» es divertida y finalmente «Can You Feel the Love Tonight» es una balada romántica clásica de Disney que en su versión instrumental funciona como tema de amor.

Respecto a la música de Zimmer, es amplia y variada, con temas para los personajes principales: Simba, Mufasa y Scar, y también música para momentos de acción. El tema de Simba muestra inicialmente su inocencia, pero se desarrolla y evoluciona hacia algo más grandioso a medida que crece y se hace mayor. El de Mufasa es noble y majestuoso, a menudo respaldado por un coro. Ambos interactúan y suenan insertados en temas de acción. El tema de Scar, finalmente, es sutilmente siniestro. Globalmente, la música de Zimmer tiene un tono contemporáneo, moderno, con momentos profundamente emotivos, como cuando Simba descubre a su padre sin vida, donde suena una desgarrada versión coral del tema de Mufasa. Es precisamente toda la parte donde hay referencias a la muerte, la pérdida y la tragedia donde Zimmer muestra su mejor oficio, y no funciona sólo como contraste a lo que celebra la amistad y la vida, tan presente también en su música, sino que sirve especialmente para elevar la película a un grado de trascendencia y madurez que va mucho más allá de un entretenimiento para niños y del propio continente africano, pues su trasfondo dramático es universal.

Regreso a África

En 2019 se hizo un *remake* con imagen generada por ordenador, dirigido por Jon Favreau. Se volvieron a emplear las canciones y músicas de la película original y se escribieron nuevas canciones: «Spirit» (de Beyoncé) y «Never Too Late» (de Elton John). Zimmer hizo algunos cambios, como grabar la banda sonora como si se estuviera interpretando para un público de concierto, incorporar las adaptaciones hechas en la producción de Broadway y dotar al conjunto de un tono más moderno y espectacular. Los nuevos cantantes —Jeremy Irons, que había sido Scar en 1994, no fue convocado— y la mayor presencia y potencia de la música de Zimmer sobre las canciones de Elton John acabaron por disgustar al cantante británico, que declaró que esta versión fue una gran decepción para él y que se había perdido la magia y jovialidad de la película original.

MAREA ROJA

«Un gran conflicto también musical»

(CRIMSON TIDE)

FECHA: 1995. EE. UU.

Dir.: Tony Scott.

Intérpretes: Denzel Washington (Ron Hunter), Gene Hackman (Frank Ramsey), Viggo Mortensen (Peter Ince).

Premios: Grammy (ganador).

ARGUMENTO:

Un submarino nuclear estadounidense es amenazado por un desequilibrado ruso que quiere provocar la Tercera Guerra Mundial. Ante la falta de confirmación oficial de responder con el lanzamiento de misiles, el primer oficial lidera un motín para evitar que el capitán ordene hacerlo.

LA MÚSICA:

Este filme, que transcurre casi íntegramente en el claustrofóbico interior de un submarino, se benefició considerablemente de la tensión aportada por la música de Zimmer, hecha con orquesta sinfónica, sintetizador, coros masculinos y destacado empleo de instrumentos solistas como la trompeta, la guitarra acústica o la flauta *shakuhachi*. La película hizo uso de música preexistente: en algunas escenas con el capitán Ramsey suenan piezas clásicas de Beethoven, Schubert y Catalani, sin que aparenten ser diegéticas (que escucha el personaje). Eso le confiere a Ramsey un cariz calmado pero también ayuda a darle una imagen antigua, conservadora, frente a un Hunter más moderno y dinámico. También se emplea un himno, «Eternal Father, Strong to Save», himno coral de 1860 compuesto por William Withing asociado tradicionalmente a las fuerzas navales. Aparece dos veces: cuando el submarino zarpa a su misión sumergiéndose en las aguas y cuando Hunter ordena cerrar una escotilla para salvar la nave condenando con ello a algunos de los tripulantes atrapados a una muerte segura. La música, aquí, sirve de tributo.

Rebelión a bordo

El tema principal es un poderoso himno coral que suena cuando el capitán Ramsey arenga a la tripulación antes de embarcar en el submarino, se extiende a las primeras escenas con el submarino surcando el mar y a una conversación con Hunter en la torreta. Es una música que se vincula a la nave Alabama y a su misión, y suena dramatizada y solemne en algunos momentos de peligro o cuando Hunter es arrestado, referenciando asimismo el riesgo alto que corre la nave y su tripulación. Recuperará su plenitud y euforia cuando Ramsey dé la orden de abortar el lanzamiento, será solemne cuando el capitán le pasa el mando a Hunter y se retira a su camarote y finalmente cierra el filme de modo majestuoso. Es uno de los temas musicales más conocidos y celebrados de Hans Zimmer, no sólo de esa etapa.

Ramsey y Hunter son explicados musicalmente de modo opuesto. Con el capitán, como se ha indicado, suenan piezas de música clásica, pero también tiene una música original que muestra su carácter severo y rígido. Aparece en varias ocasiones, especialmente cuando se dispone a recuperar el control del submarino. Frente a este tema y también frente a Ramsey, Hunter dispone de una música que muestra su nobleza y alto sentido de lo ético. Suena con guitarra acústica cuando se despide de su familia y luego con solos de trompeta —lo que refuerza precisamente su soledad en el conflicto— en varias escenas donde intenta convencer a la tripulación para que actúe correctamente.

MÁS ALLÁ DE RANGÚN

«Zimmer denuncia el horror»

(BEYOND RANGOON)

FECHA: 1995. RU.

Dir.: John Boorman.

Intérpretes: Patricia Arquette (Laura Bowman), Frances McDormand (Andy Bowman), Johnny Cheah (Min Han).

Música adicional: Nick Glennie-Smith y Richard Harvey.

ARGUMENTO:

Una joven norteamericana cuyo marido e hijo han sido asesinados viaja a Birmania para descansar pero se ve inmersa e involucrada en el caos de la dictadura del país

LA MÚSICA:

El compositor creó la banda sonora con sintetizadores e instrumentos tradicionales solistas, con especial protagonismo de la flauta de pan (tocada por Richard Harvey), el gamelán, percusiones varias y también de la voz femenina de Carmen Daye. Son tres los temas musicales centrales, de los cuales el principal es de la protagonista, mientras otro es para Birmania y sus gentes y el tercero para el horror del conflicto y la violencia. Con ellos, Zimmer no sólo creó una de sus bandas sonoras más hermosas sino también la de mayor compromiso antibélico, a un nivel comparable al alcanzado por Ennio Morricone en la película de Brian De Palma *Corazones de hierro* (1989).

Amor en tiempos de violencia

La partitura es de gran sensibilidad y elegancia. Hay momentos disonantes y tensos para el contexto, pero en su mayor parte es una música bella. Laura Bowman arrastra un trauma, una herida que Zimmer amplifica con un tema musical dramático con voz lamentativa que funciona como su voz interior, y que a ratos suena casi fantasmagórica. Aparece al inicio, en el *flashback* donde encuentra muertos a su marido e hijo, y luego suena con ella para expresar su pesadumbre, para llevarla de vuelta a la tragedia —cuando evoca a su hijo o sueña con él— o para repercutirla en su desconcierto frente a lo que experimenta en el presente. Pero también muestra su pureza y bondad, haciendo que su tema se expanda y sirva para destacar su compromiso de ayuda a los demás, como sucede especialmente (aunque no únicamente) al final de la película, donde su tema, que mostraba tanto dolor, la fortalece. Hay una escena un tanto extraña, en la que una mujer birmana amamanta a su bebé mientras tatarea la música de Laura, con ella presente. Una decisión del director y del compositor quizá accidental y no pensada, pero quizá simbólica y poética.

La pureza de Laura coexiste con la de la música que Zimmer aplica para la paradisíaca tierra birmana, que lo es a pesar de la sangre vertida por los militares, y sobre sus gentes, víctimas de su odio. Comienza justo al principio del filme, cuando se muestran los paisajes que reciben a Laura y a la audiencia en el barco que recorre el río. Es la llegada a un lugar único al que la flauta dota de un aire de paz espiritual que a pesar de todo nunca se perderá. No está exenta de cierta tristeza pero es rebosante en hermosura y dignidad, permitiendo mantener vivo el espíritu de unas tierras y de un pueblo que, aunque devastados, son merecedores de esa música. Laura se integra en ella, como una más, pues también con ella suena la música, de manera muy natural.

Finalmente, hay escenas de violencia y muerte en las que Zimmer se posiciona con un tema musical que aparenta —aunque no lo es exactamente— ser una derivación muy dramatizada del anterior, pero que en cualquier caso es la única música no orgánica, pues no surge ni de los personajes ni del lugar, sino que está en la perspectiva de quien quiere denunciar desde el gran altavoz que es la música las atrocidades de aquellos que, como ha sucedido otras veces en el cine, no han sido merecedores de tenerla para ellos. Éste es uno de los grandes valores añadidos de esta banda sonora.

DOS MUERTES

«El tango de la perversión»

(TWO DEATHS)

FECHA: 1995. RU.

Dir.: Nicolas Roeg.

Intérpretes: Michael Gambon (Daniel Pavenic), Sonia Braga (Ana Puscasu), Patrick Malahide (George Bucsan).

A FILM BY NICOLAS ROEG

ARGUMENTO:

Una noche, mientras en las calles de Bucarest reina la violencia de la represión militar, discurre una cena en una lujosa mansión donde los comensales hablan sobre sus preocupaciones y descubren secretos ajenos.

LA MÚSICA:

Ésta es una de las películas más atípicas de Zimmer y una de sus bandas sonoras más desconocidas, pero no por ello menor. El filme adapta una novela de Stephen Dobyns trasladando el escenario de Chile a Rumanía. Hay dos grandes temas musicales originales, completamente opuestos entre sí: uno es un tango y el otro un adagio. Hay además música preexistente de Leoš Janáček, de Johann Strauss o música folclórica rumana.

El tango y su consecuencia

La decisión de emplear un tango es llamativa: nada relaciona Rumanía con esa música y que Chile sea el lugar donde transcurre la novela original tampoco parece motivo de peso. Es probable que se eligiera por lo bien que funcionó el tango de Jerry Goldsmith en *Seis grados de separación* (1993), filme asimismo muy teatral que también versa sobre secretos e imposturas. En esa película era una aportación desenfadada, mientras que aquí Zimmer la hace servir con fines menos limpios: los personajes son fríos y mezquinos, completamente desinteresados por lo que sucede en el exterior y a medida que transcurren las conversaciones aumenta su malicia. Sólo hay en esa mansión alguien inocente: la criada, de quien abusó el amo y que ahora le ha aceptado como su único destino posible. El argumento es evidentemente una metáfora política, estéticamente es de colores apagados y el tango contribuye a crear una atmósfera artificiosa y decadente.

La primera secuencia sienta las bases del escenario en el que se moverá la música: el tango muestra las calles de Bucarest de noche, sonando disparos, con escenas violentas. Paralelamente —y sin cambiar de música— se ve a la criada destripando pescado, sacando sus vísceras y también cortando carne: está preparando la cena pero también se simboliza lo que va a suceder. Resulta una significación casi instantánea de lo que representará el tango, cuya segunda aparición es diegética: la sirvienta la pone para ambientar las primeras conversaciones de los presentes. A partir de ahí, las veces que aparece son progresivamente más turbias, llegando a sus momentos más depravados primero cuando el anfitrión desnuda a la criada delante de sus invitados y luego, en un *flashback*, cuando la viola.

En el otro extremo está el adagio, la música de las consecuencias. El filme cuenta con diversa música, además del tango, para recrear lo decadente: Strauss suena en la terraza mientras los invitados escuchan al anfitrión disertar sobre el amor y de la calle proviene el ruido de disparos que a los de la mansión les importan menos que nada. Mediante *flashbacks* se explica la trágica historia de amor que vivió la criada con un joven y el adagio suena intenso tanto en la dramática secuencia final como en el epílogo donde, ya de día, Bucarest sigue inmersa en la violencia y entre planos de destrucción total se muestran las tumbas del anfitrión y de su criada, unidos en vida y en la muerte también con la música de Zimmer.

ALARMA NUCLEAR

«Zimmer con aires a Morricone»

(BROKEN ARROW)

FECHA: 1995. EE. UU.

Dir.: John Woo.

Intérpretes: John Travolta (Vic Deakins), Christian Slater (Riley Hale), Samantha Mathis (Terry Carmichael).

Música adicional: Harry Gregson-Williams, Don Harper.

ARGUMENTO:

Un piloto norteamericano que forma parte de un grupo terrorista roba dos ojivas nucleares que traslada en avión, pero su copiloto y una guarda del Parque Nacional en Nevada intentarán evitar que las haga detonar.

LA MÚSICA:

Segunda película norteamericana del director chino John Woo. Aunque es un producto comercial, sin pretensiones artísticas, tuvo una música nada ortodoxa, contracorriente a lo usual y que se mantiene como referencia de interés en las filmografías del director y del compositor. Ambos se alejaron del tipo de bandas sonoras habituales en el cine de acción y le dieron a la película y sus personajes un aire más cercano al spaghetti-wéstern, con evidentes referencias a la música de Ennio Morricone. El propio Zimmer declararía que quería romper con las formas y modos usuales, pues todo estaba sonando demasiado a *Black Rain* (1989), y su absoluta devoción por el compositor italiano hizo el resto.

Naturalmente también hay músicas de las tantas veces empleadas por Zimmer en otros filmes similares, lo que hizo de esta banda sonora un híbrido de música de wéstern con rock, *samplers* y sintetizadores, solos de trompeta, armónica, banjo, *glockenspiel* o el protagonismo de la guitarra eléctrica barítona del legendario Duane Eddy, famoso por ser el intérprete de la música de Henry Mancini para *Peter Gunn* (1959). Lamentablemente el resultado no salió lo bien que se esperaba y Zimmer volvería a su propia ortodoxia en sus siguientes películas.

Duelo musical en el desierto

A pesar de que Travolta interpreta al villano (que es traidor, rastrero y muy malvado), la música que se le asigna es, en poderoso contraste, la que normalmente tienen los héroes y los buenos de las películas, un tema hermoso y evocador con guitarra solista. Una decisión chocante pero que beneficia al personaje, pues lo presenta seguro de sí mismo, con una intención cercana a la del bellísimo tema de Morricone que suena con Frank (Henry Fonda) en la matanza de la familia McBain en *Hasta que llegó su hora* (1968), de Sergio Leone. Tiene una quincena de apariciones bien junto al personaje o bien como referencia. Sustancialmente es un tema estático, siempre significa y muestra lo mismo: su arrogancia. No en vano se presenta por vez primera en un primer plano suyo mirándose *y queriéndose*, suena eufórico cuando tiene el control de la situación y se divierte aunque también, en algunas variaciones, muestra su lado más retorcido, oscuro y perverso.

Es el absoluto tema principal de la banda sonora: ninguna otra música —y son varias— se le acerca ni remotamente. De hecho Riley tiene también un tema propio, pero queda completamente ensombrecido a pesar de que suma casi tantas apariciones como el de Deakins. Es un tema sencillo que resalta su honorabilidad, con el empleo del *glockenspiel* y de otros instrumentos. Suena

con él presente o, al igual que el de Deakins, cuando se le referencia, pero es una música menos explícita, más discreta y sutil y su presencia es mucho menos evidente, lo que de alguna manera resta fortaleza al personaje, lo muestra como alguien más expuesto a su rival porque su música es mucho menos poderosa. Sin embargo, el tema va ganando fuerza y presencia, restándosela a la música de Deakins a medida que la película se aproxima a su final, lo que desvela un inminente cambio de roles, inteligente estrategia de Zimmer que culmina en la pelea entre ambos, donde las músicas están en igualdad.

Pero hay algo aún mucho mejor: la muerte de Deakins muestra a un triunfante Riley comprobando que la ojiva nuclear sigue intacta, sin haber estallado. Lo que suena en esa escena no es el tema triunfante de Riley sino el de Deakins. Riley toma un billete chamuscado de Deakins y dice: «he ganado». Parece como si a partir de ahora la hermosa música del malvado será la suya y servirá, ya con él, para representar lo positivo. Como en los mejores wésterns de Morricone.

Un Bond colectivo

Zimmer volvería a trabajar con Woo en otra película, *Mission: Impossible 2* (2000). Por los referentes musicales de la saga (y no solo la música de Lalo Schifrin) generó cierta controversia entre los seguidores de las aventuras de Ethan Hunt. Para hacer la música el compositor formó lo que llamó «The Mission: Impossible 2 Band»: Klaus Badelt, Michael Brook, Dave Gamson, Lisa Gerrard, Nick Glennie-Smith, Oliver Leiber, Heitor Pereira, Jeff Rona, Martin Tillman, Mel Wesson y por supuesto el propio Zimmer, un grupo de colegas que crearon una banda sonora puramente zimmeriana, con el habitual despliegue de sintetizadores, efectos electrónicos y coros. Se destaca por encima la guitarra flamenca que acompaña al protagonista en sus aventuras por España, pero también la bella voz de Lisa Gerrard o un coro cantando en latín con el apoyo de sintetizadores y guitarras eléctricas, en la búsqueda de una sonoridad a la vez contemporánea y clásica. En lo demás, el compositor cumple con el cometido asignado de hacer vibrante la acción y la emoción, recurriendo al tema de Schifrin puntualmente.

LA MUJER DEL PREDICADOR

«El góspel de Hans Zimmer»

(THE PREACHER'S WIFE)

FECHA: 1996. EE. UU.

Dir.: Penny Marshall.

Intérpretes: Denzel Washington (Dudley), Whitney Houston (Julia), Courtney B. Vance (Henry).

Música adicional: Bruce Fowler y Nick Glennie-Smith.

Premios: Óscar (candidato).

ARGUMENTO:

Remake de la película *La mujer del obispo* (1947), sobre un ángel que acude a las plegarias de un predicador que pide ayuda para salvar su matrimonio y su iglesia, amenazada por un promotor.

LA MÚSICA:

Éste es un filme al servicio de Whitney Houston, que canta canciones que dieron forma a un álbum que, con más de seis millones de copias venidas, se convirtió en el álbum de góspel más exitoso hasta ese momento. Entre las canciones, «I Believe in You and Me», «Step by Step», «You Were Loved» o «Joy to the World». Las canciones dejan poco espacio para la música original, pero de todos modos Zimmer encontró su lugar y sacando partido de sus sintetizadores y de un coro góspel escribió una creación musical amable y cálida, de apenas veinte minutos.

Músicas para una postal navideña

Su aportación se estructura alrededor de cuatro temas musicales: el primero se centra en el matrimonio, es el que abre la película y las primeras veces que suena sirve para mostrar la fragilidad de la pareja, hasta que eclosiona como muy bello tema de amor, con coros, cuando ella lee. la carta de su marido y nuevamente al final, en la reunión familiar.

El segundo tema es para el hijo de ambos. Aparte de evocar la infancia, aporta calidez y sentimentalismo. El tercero es para el ángel, personaje interpretado por Denzel Washington. Suena casi diez veces junto a él, dotándole de un aura mágica elemental pero también efectiva. Finalmente, el cuarto tema es un emotivo canto góspel genérico que aparece en dos escenas, siendo la más destacada cuando el ángel, habiendo cumplido su misión, borra la memoria de todos y los saluda a la salida de la iglesia, sin que nadie —salvo el pequeño— le reconozca. Todos ellos forman una postal musical navideña, deliberadamente edulcorada y muy amable, que funciona bien a pesar de tener que coexistir —y también competir— con las canciones de Houston.

Las comedias con Penny Marshall

Ésta fue la tercera de las cuatro películas que Zimmer hizo con Penny Marshall (1943-2018), y la más destacada del compositor con ella. La primera había sido *Ellas dan el golpe* (1992), ambientada al inicio de la Segunda Guerra Mundial cuando, al no haber jugadores de béisbol disponibles, un grupo de mujeres forma un equipo para levantar el ánimo de sus compatriotas. La película tuvo abundantes canciones de artistas del momento como Billy Joel, Art Garfunkel o James Taylor y de la época de la historia, como Duke Ellington, Richard Rodgers o Benny Goodman. Hay un par de canciones originales: «This Used to Be My Playground», de Madonna, y «Now and Forever», de Carol King, ambas finalistas a premios (Globo de Oro y Grammy, respectivamente). En lo que concierne a Zimmer, creó animados temas orquestales de jazz clásico de *big band*, con aires que luego se escucharían en la música de Randy Newman para *El mejor* (1984), con referencias a Beethoven o incluso a Morricone (con un solo de trompeta). También hizo música íntima y hermosa para los personajes, que se desarrolla hasta llegar a un explosivo y muy emotivo final.

La segunda fue *Un poeta entre reclutas* (1994), en la que Danny DeVito interpreta a un hombre sin empleo contratado como profesor de educación general básica de un grupo de soldados inadaptados. Zimmer creó una banda sonora sintética/orquestal con jazz contemporáneo, música rock, momentos solemnes y un tema sentimental para el protagonista. Finalmente, tras *La mujer del predicador*, Zimmer trabajó en la que sería la última película de la directora, *Los chicos de mi vida* (2001), también con canciones y música instrumental de agradables melodías sentimentales.

EL PACIFICADOR

«Fuerza bruta y refinamiento musical»

(THE PEACEMAKER)

FECHA: 1997. EE. UU.

Dir.: Mimi Leder.

Intérpretes: George Clooney (Thomas Devoe), Nicole Kidman (Julia Kelly), Marcel Iures (Dusan Gavrić), Amir Mueller-Stahl (Dimitri Vertikoff).

ARGUMENTO:

Una experta nuclear y un coronel del ejército investigan el robo de unas cabezas nucleares y llegan hasta un diplomático bosnio resentido por la muerte de su mujer e hija en el conflicto de la antigua Yugoslavia que pretende hacer estallar una de ellas en Nueva York.

LA MÚSICA:

Para este filme de pura acción Zimmer siguió la línea musical de *Marea roja* (1995) con cambios y mejoras. El compositor explicó que «conseguí rematar todas las ideas que no acabé de plasmar en *Marea roja*». Su música es sinfónica, con electrónica, coros y la voz de la cantante iraní Mamak Khadem. Hay abundancia de temas y motivos musicales pero la mayor parte quedan agrupados en músicas para lo ruso, para lo bosnio y para los norteamericanos.

Músicas con tres orígenes

No es ésta una película que pretenda ser explicada con temas musicales reconocibles y atribuibles a personajes y grupos. Los hay, pero nunca toman protagonismo pues se difuminan en un mar de muchas otras músicas que buscan generar frenesí y caos. El mayor orden y claridad se aprecia en los primeros minutos de la película, de gran poderío musical, que corresponde a los créditos iniciales, a la vista aérea de un tren y todo lo que lleva al accidente. La música grave, de aire melancólico y solemne, junto al coro de barítonos bajos, anticipa lo que va a ocurrir: los soldados rusos serán masacrados por agentes especiales que harán descarrilar el tren y activarán la única bomba nuclear que queda a bordo. Tras este espectacular inicio y hasta el final del filme la mayoría de las secuencias se caracterizarán por tener músicas rítmicamente enardecidas para mantener estable un estado de constante ansiedad y tensión.

Más allá de la música que aporta dramatismo y tensión del comienzo, los rusos quedan relacionados principalmente (pero no únicamente) con un siniestro tema para el general corrupto Kodoroff y su equipo, que suena estoico en diversas ocasiones y que interactúa con el tema de los norteamericanos. Éste, naturalmente, es de naturaleza diametralmente opuesta: música vigorosa y heroica, que hace su aparición en la secuencia en que Devoe sube a bordo de uno de los tres helicópteros para perseguir las bombas robadas, y cuyo ímpetu se acentúa durante toda la persecución al camión ruso. Es aquí donde los dos temas se encuentran, aunque después pasan a segundo plano salvo en el final, donde la música de los estadounidenses reaparece con energía para proclamarse el tema principal.

Al diplomático bosnio se le explica con la música más bella pero también más trágica, étnica en su instrumentación y con la voz quejumbrosa de Mamek Khadem. El personaje había sido profesor de piano y en un *flashback* se fusiona música étnica con Frédéric Chopin, lo que proporciona una dimensión más profunda a un hombre mostrado como culto y refinado pero también devastado y desquiciado. Nada que ver las músicas que le definen con todas las demás del filme, que son pura fuerza bruta y carentes de cualquier sensibilidad. En la película, los rusos son malos de tebeo, pero el diplomático Dusan Gavrić genera una extraña empatía gracias a la música de Zimmer y de Chopin.

MEJOR... IMPOSIBLE

«Un Zimmer animado y sentimental»

(AS GOOD AS IT GETS)

FECHA: 1997. EE. UU.

Dir.: James L. Brooks.

Intérpretes: Jack Nicholson (Melvin), Helen Hunt (Carol), Greg Kinnear (Simon), Cuba Gooding Jr. (Frank).

Premios: Óscar (nominada).

ARGUMENTO:

Un escritor desagradable y desagradecido que padece un trastorno obsesivo-compulsivo come todos los días en una cafetería donde le sirve una madre soltera. Ella y su vecino Simon, un artista gay que es atacado y hospitalizado, contribuyen a suavizar su carácter y hacerle ver de modo diferente las cosas.

LA MÚSICA:

Aunque en 1997 Zimmer ya se había hecho popular gracias a sus bandas sonoras espectaculares y bombásticas, esta comedia sentimental le permitió mostrar una vertiente diferente pero cercana al tipo de música con la que se significó en sus años británicos o en películas sentimentales como *Aprendiendo a vivir* (1994) —también de James L. Brooks— o *Nueve meses* (1995). La aportación de Zimmer aquí fue ligera, cálida y con un tono inocente y optimista. Hecha con una pequeña formación orquestal de una docena de instrumentos de cuerda y viento, con piano y algo de electrónica.

Músicas con personalidad

Cada uno de los tres personajes principales tiene música. A Melvin se le asignan dos temas: el primero es el protagonista absoluto, el tema principal, con aires de tango, una melodía liderada por violoncelo llamativa y retentiva, que suena desarticulada y entrecortada y le da un aire desenfadado y despistado. Abre la película, antes incluso de que aparezca el propio personaje, otorgando así más importancia a la música que le representará. A lo largo de la película suena poco, apenas diez minutos, pero en momentos muy significativos: la primera vez que se le ve en la calle, evitando como puede que nadie le roce, o saltando de baldosa en baldosa. La música aparenta ser la de un *clown*, un ser extravagante y superficial. Sin embargo, hay un interesante cambio en la segunda vez que suena: él está en el restaurante y Carol le explica los problemas de salud de su pequeño hijo. Se produce una reacción en su tema, mostrado con un tono de ternura. Aquí y ahora entra verdaderamente en el personaje para evidenciar que tiene, pese a todo, un lado humano. En lo sucesivo le mostrará desde las dos perspectivas, haciéndole más empático y cercano con momentos animados y otros sentimentales, estos siempre en relación con Carol. Finalmente, acaba por compartir el tema con ella, convirtiéndose nada menos que en un tema romántico: ha pasado de ser la circense música de un ser extravagante a la del amor entre los dos.

Su segundo tema se complementa con el principal pues surge también de él y abarca nuevamente a Carol —lo que resulta algo confuso pues en una escena suena con ella y su hijo, sin que él esté presente ni se le referencie—, pero también a Simon y a su perro. No se destaca ni se hace notar, de hecho apenas es perceptible: unas notas que suenan en algunos de sus primeros actos obsesivos, como cerrar y abrir varias veces el pestillo de la puerta, encender o apagar la luz también varias veces o lavarse las manos con agua hirviendo y con pastillas de jabón que desecha cada pocos segundos. Se trata de una música que plasma lo compulsivo, lo reiterativo, y como el tema principal se transforma también en una música que representa afecto.

Carol y Simon también tienen temas, ambos con piano aunque no exclusivamente: el de ella es breve, suena poco más de tres minutos, y expone su vulnerabilidad. El de él aparece unos cuatro minutos y es cálido y emocional, enfatizando la cercanía y amabilidad del personaje. Funcionan bien en sus inserciones pero naturalmente están por debajo y supeditados al absoluto poder de los temas de Melvin y al conjunto de esta banda sonora hecha para la comedia y lo sentimental.

Sentimientos con James L. Brooks

Las dos primeras películas de Brooks como director, *La fuerza del cariño* (1983) y *Al filo de la noticia* (1987) tuvieron músicas de Michael Gore y

Bill Conti, respectivamente. A partir de su tercera, la mencionada *Aprendiendo a vivir*, trabajó siempre con Zimmer. En esta Nick Nolte encarna al protagonista, un actor sin éxito que debe hacerse cargo de su hija. Tuvo una agradable partitura con un tema para cada uno de los dos personajes. Tras *Mejor... imposible* vino *Spanglish* (2004), sobre una joven mexicana que emigra a Estados Unidos con su hija e intentan adaptarse en el seno de una familia. Es también una bella banda sonora que equilibra los estilos mexicano y estadounidense, con notable tema principal y elegante empleo de la guitarra. Finalmente, en *¿Cómo sabes si...?* (2010) una atleta se ve envuelta en un triángulo amoroso con un ejecutivo y un jugador de béisbol. Nuevamente, una partitura romántica apacible y tranquila, con un sencillo tema principal y melodías de tono humorístico.

LOS ÚLTIMOS DÍAS

«El mejor compromiso de Zimmer»

(THE LAST DAYS)

FECHA: 1998. EE. UU.

Dir.: James Moll.

Música adicional: Nathan Wang.

ARGUMENTO:

Documental sobre el holocausto y su incidencia en los judíos húngaros. Realizado principalmente con base en testimonios de supervivientes, producido por Steven Spielberg con su fundación Shoa y ganador del Óscar al mejor documental.

LA MÚSICA:

Tratándose de un documental sobre el pueblo judío y más específicamente sobre judíos húngaros, Zimmer hizo música de raíces hebraicas y también inspirada en la tradición musical centroeuropea de principios del siglo XX. Asimismo, incluyó un coro infantil de seis voces y empleó una base de sintetizadores.

Ofrenda musical

Ésta es una de las creaciones más desconocidas de Zimmer, a pesar de ser una de las más hondamente hermosas. Ello se debe principalmente a que, por alguna razón, prefirió no editarla comercialmente y dejarla en el lugar para el que la creó: el documental y las víctimas de la depravación nazi, a las que hizo una sentida ofrenda con su partitura. Zimmer sumó esta creación a una lista insigne de bandas sonoras que también participaron en el homenaje a quienes sufrieron el terrible horror del nazismo. La de John Williams para *La lista de Schindler* (1993) es la más conocida, pero no la única: Elmer Bernstein hizo lo propio en el documental también ganador del Óscar *Genocidio* (1981), Morton Gould en la serie televisiva *Holocausto* (1978) y en cuanto a largometrajes de ficción sobresalen Alfred Newman en *El diario de Anna Frank* (1959), Cliff Eidelman en *El triunfo del espíritu* (1989), Luis Bacalov en *La tregua* (1997) y Ennio Morricone en *Sin destino* (2005). Todas tienen en común el absoluto respeto y compromiso de los compositores para plasmar en música el espanto a la vez que enfatizar el honor y dignidad de quienes lo padecieron.

Es exactamente lo mismo que hace Zimmer, de modo serio y honorable, nada melodramático. Su aportación consiste en primer lugar en contextualizar a la audiencia en el lugar (Hungría), el tiempo (años cuarenta) y las gentes (los judíos), con una danza hebraica y un vals, pero ambas no son músicas coloridas y con brío sino que se muestran apagadas, crepusculares, pues son músicas por naturaleza vivas —ambas son para bailar— pero que aquí están casi muertas. Hay dramatismo y oscuridad en éstas y en otras músicas, pero en este contexto surge una melodía que comparten algunos de los entrevistados (aunque obviamente se refiere al conjunto de ellos), que no es para la tristeza sino para mostrar su integridad personal, su dignidad y su honor, que los nazis no pudieron destruir. Es el tema principal con el que Zimmer cierra el documental en créditos finales y que, en este momento, se convierte en una música no sólo de tributo sino también de declaración de principios.

Zimmer y el Holocausto

Zimmer es judío: su madre se salvó del Holocausto al huir a Gran Bretaña en 1939. Eso aporta un valor añadido, o al menos personal, a su creación para el documental *Los últimos días*. Tras este ha participado en más proyectos relacionados con el tema: el cortometraje de animación *Standing Up for Freedom* (2011), de Amnistía Internacional, fue el primero, si bien aquí el Holocausto es sólo uno de los conflictos que se abordan. De ese mismo año es el documental *Jealous of the Birds* (2011), centrado en una pequeña comunidad de supervivientes que permanecieron en Fráncfort tras la liberación de los campos de exterminio, a pesar de tener que convivir con sus verdugos.

Más conocidas son la película *El superviviente de Auschwitz* (2021) y la serie televisiva *El tatuador de Auschwitz* (2024). Se ha comentado la primera, dirigida por Barry Levinson, en la ficha de *Rain Man* (1988), y respecto a la segunda, versa sobre la historia de un prisionero judío al que se le encargó tatuar números en los brazos de los prisioneros en Auschwitz-Birkenau. La banda sonora fue coescrita por Kara Talve y en ella pusieron música de gran intensidad dramática en la que destaca el empleo del piano, el violoncelo, el clarinete y el acordeón. Su tono es apesadumbrado, sin apenas espacio para la esperanza, incidiendo no sólo en el dolor sino también en el sentido de culpa en el tema principal, que conoce algunas variaciones y es versionado en forma de canción por Barbra Streisand.

EL PRÍNCIPE DE EGIPTO

«Un imponente viaje musical»

(THE PRINCE OF EGYPT)

FECHA: 1998. EE. UU.

Dir.: Brenda Chapman, Steve Hicker, Simon Wells.

Canciones: Stephen Schwartz.

Música adicional: Rupert Gregson-Williams Harry Gregson-Williams, Klaus Badelt.

Premios: Óscar (nominado), Globos de Oro (nominado).

ARGUMENTO:

El relato bíblico de Moisés y su lucha contra el Faraón de Egipto para liberar de la esclavitud a los judíos.

LA MÚSICA:

Tras *El Rey León* (1994) Éste fue otro éxito artístico y comercial, un filme de animación con algunas canciones (de Stephen Schwartz) de fundamental importancia dramática y narrativa. La que más es «Deliver Us», que se divide en dos partes. También destacan «When You Believe» (que ganó el Óscar), «All I Ever Wanted» y «Through Heaven's Eyes», pero no están al mismo nivel. Zimmer hizo arreglos de las canciones para las versiones instrumentales y compuso varios temas, sacando partido a lo étnico con instrumentos, voz solista (Ofra Haza) y orquestaciones que llevaron lo folclórico al territorio de lo sinfónico.

Ramsés contra Moisés

En temas musicales la banda sonora es apabullante: las canciones de Schwartz, los arreglos y las composiciones originales de Zimmer forman una obra espectacular e intensamente emotiva. De entre los temas musicales, los más relevantes a nivel dramático y narrativo son el de Ramsés y tres (o cuatro separando uno en dos) relacionados directamente con Moisés. El de Ramsés se engloba en la música para el entorno egipcio y palaciego, donde suenan temas similares. Es un tema breve y solemne, serio salvo cuando se divierte con su amigo Moisés, mostrando su lado más jovial y despreocupado. Pero dura poco, pues desde que se convierte en faraón el tema progresivamente se va volviendo más grave, dramático y atormentado, destruyéndose y destruyéndole a él también.

Los de Moisés son el de su condición de hebreo, el que le vincula a Dios, y el que, por separado, se relaciona con su destino y con su origen. El primero contribuye a dramatizar el conflicto personal entre Ramsés y Moisés, que se traslada al plano musical: Ramsés es egipcio y su tema es claramente egipcio; Moisés es judío y el suyo es claramente hebreo. Ambos personajes, con sus respectivas músicas, se explican y se significan. Pero frente a la progresiva destrucción del tema de Ramsés, el de Moisés mantiene un aura de honor y dignidad. Es significativa la escena de Moisés entregando a Ramsés su anillo y cortando así todo lazo con él. Al hacerlo suena con elegancia su tema, que es aquí también su razón. Éste es un conflicto personal, pero hay otro, más superior y trascendente, que Zimmer eleva a lo más alto.

El destino y el origen

Los esclavos, al principio del filme, cantan «Deliver Us», grito colectivo de súplica:

«Deliver us / Hear our call, deliver us / Lord of all, remember us / Here in this burning sand / Deliver us / There's a land You promised us / Deliver us to the Promised Land» («Libéranos / Escucha nuestra súplica / Libéranos, Señor, / Acuérdate de nosotros / Aquí en esta arena ardiente / Libéranos / Hay una tierra que nos prometiste / Llévanos a la tierra prometida»).

Se convertirá en la música de la misión asignada por Dios a Moisés. Durante la interpretación de la canción, y formando parte de ella, hay una nana que la madre de Moisés le canta mientras le deposita en una cesta y le deja a su suerte en el río Nilo. Se convertirá en la música de las raíces de Moisés. Así pues, destino («Deliver Us») y origen (la nana) representan también el futuro y el pasado e interactúan.

«Deliver Us», instrumentalmente, puntúa dos momentos significativos en el comienzo: la cesta emprendiendo su viaje y la mujer del faraón tomando en sus brazos al bebé Moisés, hasta que concluye nuevamente cantada en un plano general mostrando el palacio del faraón. Por su parte, la nana comienza sonando suave sobre el título de la película, antes de que aparezca la madre cantándola a su bebé. También se la canta su hermana mayor, y sigue exactamente el mismo recorrido: suena cuando la cesta emprende su viaje y cuando la mujer del faraón toma en sus brazos al pequeño, en ambos casos cantada, y concluye junto a la otra en el plano general mostrando el palacio. Ambas partes del mismo tema, pues, viajan con Moisés al mismo destino, la familia real desde donde todo comenzará a cambiar. Como enseguida veremos, en la escena final se repetirá exactamente lo mismo, pero en lugar diferente para mostrar y celebrar el cambio.

Muchos años después de la llegada a palacio, Moisés, ya un hombre joven, contempla con desagrado el sufrimiento de los agotados y azotados esclavos. Reaparece una versión instrumental con coros masculinos de «Deliver Us». Suena dramática, casi fantasmagórica, y parece afectar también a Moisés. Muy avanzado el filme, tras haber cruzado el mar Rojo, los judíos se asom-

bran, celebran y se felicitan y se recupera el tema con coros femeninos con un cariz místico pues las voces son angelicales, para hacer hincapié no sólo en el cumplimiento de la misión de Moisés sino también en el carácter milagroso obrado por Dios a través de él y en la influencia del tema místico que aparece en su encuentro con Dios en la escena de la zarza ardiendo.

Este tema, en realidad, es el que abre la película, el que suena primero de todos, y funciona así como música adelantada que se señala para luego ser significada. No es tanto un tema musical para representar a Dios —aunque evidentemente lo representa también— como para mostrar la fascinación y conversión de Moisés y el impulso que siente y la fuerza que adquiere para llevar a buen término y con decisión su mandato. Se trata de una melodía con coros femeninos, angelical, que es pura magia. Tiene argumentalmente dos partes: la del encuentro entre ambos, donde Moisés parece hechizado por la música, y las acciones de Moisés para cumplir con su destino, donde la música le otorga fuerza y sobre todo vocación. Aparece en distintos momentos (cuando va a hablar con Ramsés o en las plagas) y la última vez que suena es en el milagro del mar muerto. Tras haberlo cruzado y salvado a su pueblo, la música de Dios no vuelve a aparecer.

Finalmente, respecto a la nana incluida dentro de «Deliver Us», Moisés la silba en un fugaz instante siendo un hombre joven. Que lo haga demuestra que en un rincón de su memoria permanece su origen, aunque no lo recuerde. Cuando su hermana —a la que no reconoce y cree. que es una esclava— la canta, Moisés despierta de su letargo de memoria y recuerda quién es y de dónde viene. A partir de aquí la música sonará en distintos momentos para llevarle a su pasado y también cuando habla tanto con el faraón como con la esposa de éste sobre su origen. Más adelante, ya alejado del palacio y habiéndose encontrado con Dios, observa a su suegro Jetró y su familia y le comenta a su esposa Séfora que ellos son libres, con un futuro con dignidad, y que eso es lo que quiere para los suyos porque Dios se lo ha encomendado. No suena, como sería esperable, «Deliver Us» sino la nana, vinculándola así al pueblo judío. Tanto es así que en la secuencia final Moisés baja del monte Sinaí con las tablas de los diez mandamientos y suena esplendorosa la música de «Deliver Us». Pero cuando se detiene para observar desde las alturas al pueblo al que ha liberado, suena esplendorosa la canción de cuna. La misma combinación de las dos partes del tema que habían llevado a Moisés hasta el palacio del faraón y que ahora abren la senda del pueblo judío hacia su destino y origen, que es Israel. Es la culminación perfecta de un imponente viaje musical que comenzó en forma de súplica y acaba como celebración.

ZIMMER Y LA ANIMACIÓN

El éxito monumental de Zimmer con *El Rey León* (1994) le había abierto las puertas al cine de animación pero no en Disney, donde Alan Menken se mantuvo como compositor principal: *Pocahontas* (1995) o *El jorobado de Notre Dame* (1996). También Randy Newman se incorporó con películas como *Toy Story (Juguetes)* (1995) o *James y el melocotón gigante* (1996). Zimmer cambió a Dreamworks para trabajar en nuevos proyectos animados y el primero fue *El príncipe de Egipto* (1988), nuevamente con éxito. Desde entonces ha hecho una veintena de bandas sonoras de películas animadas, pero pese a ello no puede afirmarse que se haya consolidado como referente, como sí Menken, Newman, John Powell y otros. Tres razones principales: en primer lugar sus frecuentes coautorías, con diversos co-compositores y compositores adicionales; en segundo lugar el uso habitual de canciones, pocas de ellas compuestas por él, insertadas no con fines dramáticos o narrativos sino meramente comerciales; finalmente, las secuelas derivadas de varios de los filmes a los que puso música, que sirvieron para aumentar la cantidad pero no necesariamente la entidad y calidad. Son razones que juegan en su contra para ser reconocido como referente en la animación, pero pese a ello algunas de sus bandas sonoras han marcado impronta.

De Hernán Cortés al cielo

En *La ruta hacia El Dorado* (2000), sobre las peripecias de dos timadores que huyen del barco de Hernán Cortés en busca de la mítica ciudad, Zimmer volvió a colaborar (por segunda y última ocasión) con Elton John, y John Powell coescribió la música. No tuvo mucho que ver con *El Rey León* pues las canciones no fueron orgánicas, inspiradas en el lugar, sino meramente comerciales, para lucimiento del cantante británico y cediendo poco espacio para el desarrollo instrumental de Zimmer y Powell, breves inserciones sin establecer una coherencia estilística y dramática sólida. Por su parte, las canciones de Bryan Adams fueron protagonistas en *Spirit, el corcel indomable* (2002), sobre un ca-

ballo salvaje que hace amistad con un muchacho. Aquí los animales no hablan, son escasos los diálogos y en consecuencia la música es más expresiva. Hay canciones pero nadie las canta, forman parte del relato en *off*. Son destacables «Here I Am», «You Can't Take Me» y «Sound the Bugle». Canciones y música instrumental difieren estilísticamente, pero ni unas ni la otra se acercaron al género del wéstern. De hecho, Zimmer suena más a *Gladiator* (2000) o a los filmes de acción que hacía por la época, salvo un tema musical que sí es de género.

En *La estrella de Laura* (2004), largometraje alemán sobre una niña que encuentra una estrella caída a la que ayuda a regresar al Cielo, Zimmer colaboró con Nick Glennie-Smith —autor del grueso de la banda sonora, incluido su sencillo y elegante tema principal— y Henning Lohner. A pesar de ser tres compositores hay coherencia estilística y estructural, con música de cuidada sensibilidad. La aportación de Zimmer más relevante es una canción de cuna. También alemana y nuevamente con la colaboración de Glennie-Smith es *El osito polar: la isla misteriosa* (2005), sobre las aventuras de un joven oso polar. Su bella música, singularmente el tema principal, dan un colorido agradable y en lo demás ayuda a enfatizar las aventuras y aportar un tono sentimental.

Músicas en serie

De vuelta al cine de Estados Unidos, y tras una contribución poco relevante en *El espantatiburones* (2004), donde la abundancia de canciones comerciales (de Christina Aguilera, Mary J. Blige o Justin Timberlake) relegaron su música a lo funcional, llegó un nuevo gran éxito —más comercial que de crítica— con *Madagascar* (2005), sobre unos animales del zoo neoyorquino en busca de un

compañero desaparecido. Nuevamente, la sobreabundancia de canciones de los sesenta y setenta con fines comerciales y la inclusión de temas de películas como *Nacida libre* (1966) o *Carros de fuego* (1981) acabó por resultar una amalgama sin mucho que ver entre sí, que relegó a segundo plano la música sencilla y amable, pero sin mucha relevancia, de Zimmer. Sólo se destacan la pegadiza melodía del inicio y un frenético tema que se convertiría junto con la canción «I Like to Move It» en la identidad sonora instrumental de la franquicia, pues aparecen varias veces en las secuelas *Madagascar 2* (2008) y *Madagascar 3: de marcha por Europa* (2012), con arranques espectaculares y luego canciones. En el caso de *Madagascar 2*, de hip-hop (de will.i.am), así como nuevamente versiones de clásicos como *El bueno, el feo y el malo* (1966). En lo que resta, inserciones musicales fragmentadas con reutilización de material del filme anterior y un nuevo tema para los leones, siniestro. Respecto a la tercera entrega, junto a la interpolación de canciones famosas y melodías clásicas de bandas sonoras, hay música original para los pingüinos y el tigre Vitaly, este con aires rusos, y músicas para la acción, la comedia, lo sentimental e incluso el terror.

Los Simpson. La película (2007) fue una versión para cine de la popular serie televisiva, con Homer Simpson intentado salvar al mundo de una catástrofe que él mismo ha provocado. Por su buena relación con Zimmer, el productor, James L. Brooks, le escogió por encima de Danny Elfman —autor de la mítica sintonía principal— y de Alf Clausen, compositor de la música de la serie televisiva. La referencia a Elfman existe por coherencia pero el lenguaje zimmeriano brilla claramente con el uso habitual del *ostinato* rítmico y el *staccato* de las cuerdas, que tantas veces emplea en películas taquilleras y dramáticas, aunque aquí con propósitos irónicos.

Kung Fu Panda (2008) es la primera de las hasta ahora cuatro entregas sobre un torpe pero bienintencionado oso panda llamado *Po*. Fue un gran éxito y la banda sonora la firmaron Zimmer y John Powell. Con orquesta sinfónica, coros, fuerte componente oriental e instrumentos étnicos tradicionales como el *erhu*, la música es rebosante en vivacidad, colorido y humor. Tiene también partes oscuras y dramáticas, con electrónica, pero globalmente es de exquisita delicadeza, con momentos emotivos. Lejos del tipo de bandas sonoras llenas de canciones comerciales, se optó aquí por una partitura que respetara la historia de artes marciales y la cultura oriental. Zimmer y Powell se dividieron el trabajo: el alemán se ocupó de enfatizar dramáticamente las acciones a través de un lenguaje similar al de la saga *Piratas del Caribe* en tanto Powell de una atmósfera más desenfadada e irónica para el panda y el maestro Oogway. Ambos retomaron la colaboración en *Kung Fu Panda 2* (2011) y superaron el listón. Casi todos los elementos de la obra anterior se volvieron a emplear y se desarrollaron, especialmente el tema que representa la antigua China y el de Po. Se añadió un nuevo tema siniestro para el villano y hubo más espacio para los coros.

Powell no estuvo en *Kung Fu Panda 3* (2016). Lorne Balfe cooperó y se siguieron las líneas usuales con músicas para la acción, la comedia y lo dramático. Balfe se ocupó de la acción y la comedia, así como del precioso tema de la familia de Po, y Zimmer de los temas más místicos y del tema de Kai, el enemigo.

La música más hermosa representa la aldea panda secreta, con majestuosidad coral y orquestal. Las variaciones de los antiguos temas son más maduras y en algunas ocasiones más grandilocuentes. Finalmente en *Kung Fu Panda 4* (2024) a la música de Zimmer se sumó la de Steve Mazzaro, que es quien más trabajo y responsabilidad asumió. A los temas anteriores se sumaron un nuevo tema genérico y otro para Camaleón.

KUNG FU PANDA 1 | KUNG FU PANDA 2 | KUNG FU PANDA 3 | KUNG FU PANDA 4

Locuras y extravagancias

Megamind (2010) volvió a reunir a Zimmer con Balfe. Un supervillano brillante pero sin éxito que, tras acabar con su oponente, crea un nuevo héroe antagonista al que enfrentarse. Es una banda sonora de comedia con un simpático tema principal para el protagonista, melodía cálida y extravagante que tiene un toque de locura a lo Danny Elfman y que aparece de varias formas, casi siempre de modo melancólico. En contraste, músicas alegres y románticas para otros personajes y naturalmente temas para la acción. La partitura transmite las mayores dosis de dulzura en el tema de Roxanne y su amistad con Megamind. *Rango* (2011) relata las aventuras de un camaleón en el viejo Oeste, que vive como una mascota familiar y accidentalmente termina en un pueblo poblado por las criaturas más peligrosas del desierto. Hay dos canciones de Los Lobos y dos temas de Heitor Pereira con estereotipos mexicanos. En lo que concierne a la aportación original, Zimmer dota a la película de la parodia adecuada con una vehemente y suculenta música, excesiva y amplia. El propio compositor declaró que ésta era una música para la parodia, a diferencia de lo que haría un par de años después en *El llanero solitario* (2013), partitura de género a la vieja usanza. La diversión en la música de *Rango* se hace posible gracias a las múltiples y heterogéneas elecciones estilísticas y citas tan dispares como Wagner, Johann Strauss, Morricone, Elmer Bernstein, Nicolai o Bacalov, con solos de trompeta que parecen sacados de *Llamaradas* (1991) o *Marea roja* (1995), un conglomerado atípico y eficaz. En sentido contrario, la música de *El principito* (2015), película francesa que adapta el relato de Saint-Exupéry, pretendía ser íntima y lírica pero acabó confusa y caótica, en parte por las prisas en la producción. Hay tres canciones de Camille, que las compuso junto a Zimmer, con elementos estilísticos franceses y que funcionan como acompañamiento de la narración más que como parte integrante de ella. Richard Harvey coescribió la partitura y también colaboraron compositores como Benjamin Wallfisch o Dominic Lewis, entre otros, lo que afectó a la unidad de criterio estilístico y al arco dramático. Instrumentos como la celesta o el *glockenspiel* y el piano intentan sin demasiado éxito recrear un entorno de magia y fantasía y hay partes (especialmente las canciones) que recuerdan en demasía el refinamiento instrumental y melódico de Bruno Coulais, no casualmente los mejores momentos junto a algún tema enfático.

En *El bebé jefazo* (2017) un peculiar bebé que viste traje y corbata tratará de detener junto con su hermano de siete años los malvados planes del director de una empresa de juguetes. Zimmer coescribió con Steve Mazzaro la banda sonora, que gira alrededor de un simpático y retentivo tema para el bebé, el cual se inspira vagamente en la canción «What the World Needs Now Is Love» y que conoce diversas variaciones que mantienen en todo momento su tono jovial, en contraste con el siniestro tema del villano. Está repleta de giros bruscos y deliberadas exageraciones, y llega a un final musical radiantemente hermoso, obra de Conrad Pope. Hubo una secuela, *El bebé jefazo: negocios de familia* (2021), con canciones originales y preexistentes, así como una frenética partitura Zimmer y Mazzaro que retoma gran parte de la música de la película anterior. Se reiteró el deliberado caos y desorden, las parodias y por

supuesto el tema principal, quizás con menos brío, y con nuevos temas para la niña, dulce y encantador, otro ominoso para el villano y un tema emotivo para la familia.

Hasta ahora, su última incursión en la animación ha sido *Bob esponja: un héroe al rescate* (2020), nuevamente junto a Mazzaro. En esta versión para cine de la serie televisiva la tarea de ambos se limitó a cubrir algunas escenas con música pues la mayor parte de la película es con canciones. El estilo es muy variado, abarcando música hawaiana, referencias a Morricone, Schifrin y Williams o toques latinos. Y voces femeninas de ópera que aportan un toque de humor exagerado en el fondo de algunos lugares. Fue una banda sonora correcta pero insustancial.

LA DELGADA LÍNEA ROJA

«Filosofía musical sobre la guerra»

(THE THIN RED LINE)

FECHA: 1998. EE. UU.

Dir.: Terrence Malick.

Intérpretes: Sean Penn (Edward Welsh), Jim Caviezel (Robert E. Lee. Witt), Ben Chaplin (Jack Bell), George Clooney (Charles Bosche), Woody Harrelson (Brian William Keck), Nick Nolte (Gordon Tall).

Música adicional: Francesco Lupica y John Powell.

Premios: Óscar (nominación).

ARGUMENTO:

Adaptación de la novela autobiográfica de James Jones sobre las experiencias de una compañía norteamericana en la isla de Guadalcanal, en el Pacífico, durante la Segunda Guerra Mundial.

LA MÚSICA:

Para preparar esta película, Zimmer estuvo hablando con Malick más de un año antes del rodaje y le propuso centrarse en los subtextos, donde más podría aportar. El director le pidió la música antes de filmar para utilizarla durante el rodaje y que tanto él como el resto del equipo y actores se inspiraran con ella. Llegó a crear más de cuatro horas de música, aunque sólo una parte acabó en el montaje final. Hubo también música preexistente: cantos melanesios y piezas clásicas como «The Unanswered Question» (Charles Ives), «In Paradisum» (Gabriel Fauré) y «Annum per Annum» (Arvo Pärt). Además de instrumentos tradicionales, se usaron tambores tibetanos, *shakuhachi*, *koto*, campanas y carillones, arpas y un tambor *taiko*. Zimmer desarrolló un lenguaje que combinaba minimalismo, diseño sonoro, música étnica y orquesta.

Las delgadas líneas musicales

Éste no es un filme bélico al uso, con combates, explosiones, actos heroicos y muertes, aunque hay de todo ello, sino de contenido psicológico, espiritual y filosófico: la *delgada línea roja* del título es la que divide a los cuerdos de los locos y a los vivos de los muertos, que es de lo que trata el filme. Malick añadió la idea de la sacralidad de la vida frente a la muerte, y todo ello fue llevado al terreno musical con una banda sonora no empleada para enfatizar la acción sino para mostrar y explicar la tragedia de la guerra desde la perspectiva de los soldados, que son quienes llevan la narración principal. Zimmer escribió sobre guion, así que la ausencia de contexto contribuyó a que su música fuera más abstracta y así también más filosófica. Sabiendo que sería cortada para ser ajustada al tono y montaje, utilizó un lenguaje más próximo al minimalista pues su repetitividad permitiría interrumpir la música o facilitar su edición.

Su música se aplica en varios niveles: lo paradisíaco, lo bélico, lo psicológico y lo filosófico. Para lo primero están los cantos melanesios y el «In Paradisum» de Fauré, justo al principio, en el poblado donde se esconde el protagonista, un Edén del que pronto será forzado a salir para regresar al infierno. Funciona por contraste: es la música de la que todo el mundo gustaría de rodearse, pero es un espejismo. Es significativo que sea la que inicia los créditos finales: el paraíso, a fin de cuentas, lo sigue siendo a pesar de todo.

Respecto a lo bélico, hay elementos militaristas como el sencillo ritmo militar durante el desembarco en la playa, aunque se evitan los consabidos solos de trompeta, los redobles militares o la música de acción tradicional. Pero lo más destacable es el contraste con la música tan dramática, casi semejante a un gruñido hecho con un bajo, que suena en la tensa escena en que, teléfono en mano, el coronel Gordon Tall da órdenes de ataque que su subordinado se niega a obedecer. En lo psicológico es relevante el impacto de la abundante música ambiental, aplicada tanto para convertir en infernales los lugares, por otra parte bellos, de Vietnam, como para mostrar la progresiva intoxicación de los soldados, pues parece como si inhalaran esa música tan venenosa y afectara a su raciocinio. Hay un serpenteante conjunto de pares de notas que impregna la película y que también va dirigida a la audiencia para hacer difícilmente soportable y muy incómodo lo que ve en pantalla. Son varias las escenas donde esta música es protagonista: las más significativas son la llegada a la playa y el ascenso a la colina, donde suena como si fuera la exhalación de un monstruo.

Finalmente, es el filosófico el ámbito donde más música hay y donde resulta más trascendente. Para el soldado Jack Bell, que evoca a su esposa con reflexiones en torno al amor, hay música romántica moderadamente melancólica junto a otra oscura y turbia, que arranca con unas campanas tibetanas que dan un cariz místico, etéreo. Por su parte, las reflexiones del soldado Robert Witt son sobre la muerte, a partir del recuerdo del fallecimiento de su madre, pero también sobre la separación —entendida ésta también como muerte—, cuando es obligado a abandonar el Edén para regresar al combate. Para él hay una música calmada, más de resignación que de aceptación, pero que en todo caso expone que asume su destino. En su conversación con el sargento Edward Welsh, cuando Witt le dice que se siente protegido por él aunque no comprende sus cambios de actitud, la cámara enfoca (muy significativamente) la jaula de pájaros de Witt vacía y Welsh le pregunta «Sigues creyendo en la luz bella, ¿verdad? ¿Cómo lo haces?». Suena una versión de uno de los cantos melanesios, en un contraste brutal con el entorno y que le aporta al personaje de Witt un aura casi mesiánica, angelical. Y esa música suena en el momento de su muerte y —de nuevo con alto sentido filosófico— su regreso al paraíso de los melanesios, tal y como se muestra en la escena con el *flashback* intercalado en el que está nadando en el mar con los niños.

El tema principal se titula en la edición discográfica de la banda sonora «Journey to the Line», título poéticamente significativo pues habla de ese viaje a la *delgada línea roja* que tantas cosas separa. Es un tema que lo abarca todo: lo bélico, lo psicológico y lo filosófico, creando un discurso vertebrador que le da al filme todo su sentido y significación. Se escucha tanto en el escenario bélico —es impactante su dramatismo en el largo y brutal combate cuerpo a cuerpo entre soldados norteamericanos y japoneses—, en las reacciones de los soldados y también con aquellos que, como Bell o Witt, tenían sus propias músicas para sus reflexiones personales. El tema principal lo engloba todo y de alguna manera es la otra cara de la moneda de la música melanesia, que era la del paraíso mientras que ésta es la del desolador y trágico infierno.

GLADIATOR

«Camino musical al reencuentro»

FECHA: 2000. EE. UU.

Dir.: Ridley Scott.

Intérpretes: Russell Crowe (Máximo), Joaquin Phoenix (Cómodo), Connie Nielsen (Galeria Lucila), Oliver Reed (Antonio Próximo), Djimon Hounsou (Juba) Richard Harris (Marco Aurelio).

Música coescrita por: Lisa Gerrard

Música adicional: Klaus Badelt y Jeff Rona

Premios: Globo de Oro (ganador), Óscar, Bafta y Grammy (nominación).

ARGUMENTO:

Máximo, general de máxima confianza del césar de Roma es nombrado sucesor pero Cómodo, el hijo del emperador, asesina a su padre y ordena la ejecución de Máximo. Sin embargo éste sobrevive y, aunque convertido en esclavo gladiador, se propone vengarse.

LA MÚSICA:

Zimmer quería a la vocalista israelí Ofra Haza, con quien trabajó en *El príncipe de Egipto* (1998), pero ella falleció poco antes de empezar a grabar. En su lugar entró Lisa Gerrard que aportó su voz pero también música. Hecha con orquesta sinfónica y sintetizadores, con referencias a la música hispana y africana, se estructura alrededor de cuatro grandes temas musicales, de distinta relevancia: tres vinculados a Máximo y el cuarto de Cómodo. Hay otros para momentos dramáticos determinados (el parricidio), para lo épico (la llegada a Roma), o un vals para la batalla inicial y otros combates. Este tema, precisamente, fue comparado con «Marte» de Gustav Holst, y de hecho en 2006 la Holst Foundation demandó a Zimmer por supuesto plagio. Aunque la referencia es obvia —pues además Marte es el dios romano de la guerra—, Zimmer afirmó que su inspiración fueron los clásicos valses vieneses, también Shostakóvich y Stravinsky, y que quería reflejar cómo las riquezas y el poder de Roma se consiguieron con muerte y destrucción. Wagner es también una referencia deliberada en otros pasajes.

El militar y el hombre

Máximo es explicado directamente con dos temas, de desigual relevancia: el de su condición de militar es una música enfática, amplia y poderosa que lo reviste de autoridad. Aparece en la escena inicial de la batalla, liderando sus tropas, y dos veces en su enfrentamiento con Cómodo en la arena, no en la lucha a muerte (que es sin música) sino en sus encuentros tensos con él: cuando el emperador es incapaz de condenarlo a muerte ante una multitud que le ovaciona y cuando Máximo abandona la arena dejándole solo ante una muchedumbre que, nuevamente, grita eufórica su nombre. Es el poder del general contra el del usurpador. El otro tema es considerablemente más importante, una música que en momentos es íntima y dramática y en otros es poderosa y expansiva. Aparece en la primera escena, cuando Máximo toma un puñado de tierra, y se reitera cuando reza en soledad por su mujer e hijo: se evidencia que está apegado a su lugar (la tierra) y a su familia (su amor). Suena en su viaje de regreso a casa, tras escapar de la ejecución, y una vez es tomado como esclavo y convertido en gladiador aparece para mostrar su determinación de sobrevivir para vengar el asesinato de su mujer y su hijo, fortaleciéndole, pero también para mostrar sus sentimientos, como en su encuentro con la hermana del emperador, quien a su muerte le tributará con palabras y con el tema musical sonando en su máximo nivel de emotividad.

Cómodo tiene un tema sibilino, siniestro y escurridizo, que emula con flauta el movimiento de una serpiente. Es una música que, puesta en sus hombros, le otorga gran poder y le convierte en muy peligroso. Sin su serpiente musical, en cambio, es inseguro, débil, atormentado y frágil. Tal es su importancia en la película, y para el personaje, que es la primera música que se oye al arrancar el filme, para presentarla y darla a conocer antes de atribuirla: de hecho, y por ser ya conocida, la siguiente vez donde suena es con él y su hermana juntos, en un carromato, y ahí aparenta que el peligro está en los dos. Aunque enseguida ella queda fuera de esa consideración, en cuanto se sabe que teme a su hermano, pero gracias a haber avanzado la música la maldad de Cómodo queda perfectamente definida antes de que el propio personaje la muestre. La música aparece en algunas escenas sin él, lo que extiende su poder y peligro.

La voz de Lisa Gerrard marca el camino de Máximo hacia el lugar donde le esperan su mujer y su hijo, en el más allá. Él no quiere otra cosa que reunirse con ellos, pero antes debe cumplimentar su venganza. Tras la introducción, la primera imagen del filme es la de su mano acariciando un campo de cebada. Suena una voz femenina etérea, lírica, que se desarrolla en cuanto el emperador le pregunta a Máximo por su hogar, representando claramente la evocación por ese lugar y su familia, de la que él habla con añoranza. Pero como música externa a él, no como sucede con el tema de Máximo, que es interno. Cuando los encuentra asesinados la voz reaparece dramatizada, pero no será el final del camino sino el comienzo de uno nuevo, el que habrá de conducirle adonde le esperan. Es una música que también comparte su amigo Juba, cuando le habla de su familia en África. La voz de Gerrard no llega a formar un tema musical hasta cuando Máximo, a punto de morir, vislumbra el más allá, su felicidad. La voz de Gerrard da paso a un gran canto de celebración que le reúne por fin con ellos. Había comenzado a gestarse con la imagen del campo de cebada y aquí encuentra su destino. Y, por cierto, Juba también regresará a su hogar con esta misma música. No hay tema más importante que esta música de la familia, del hogar.

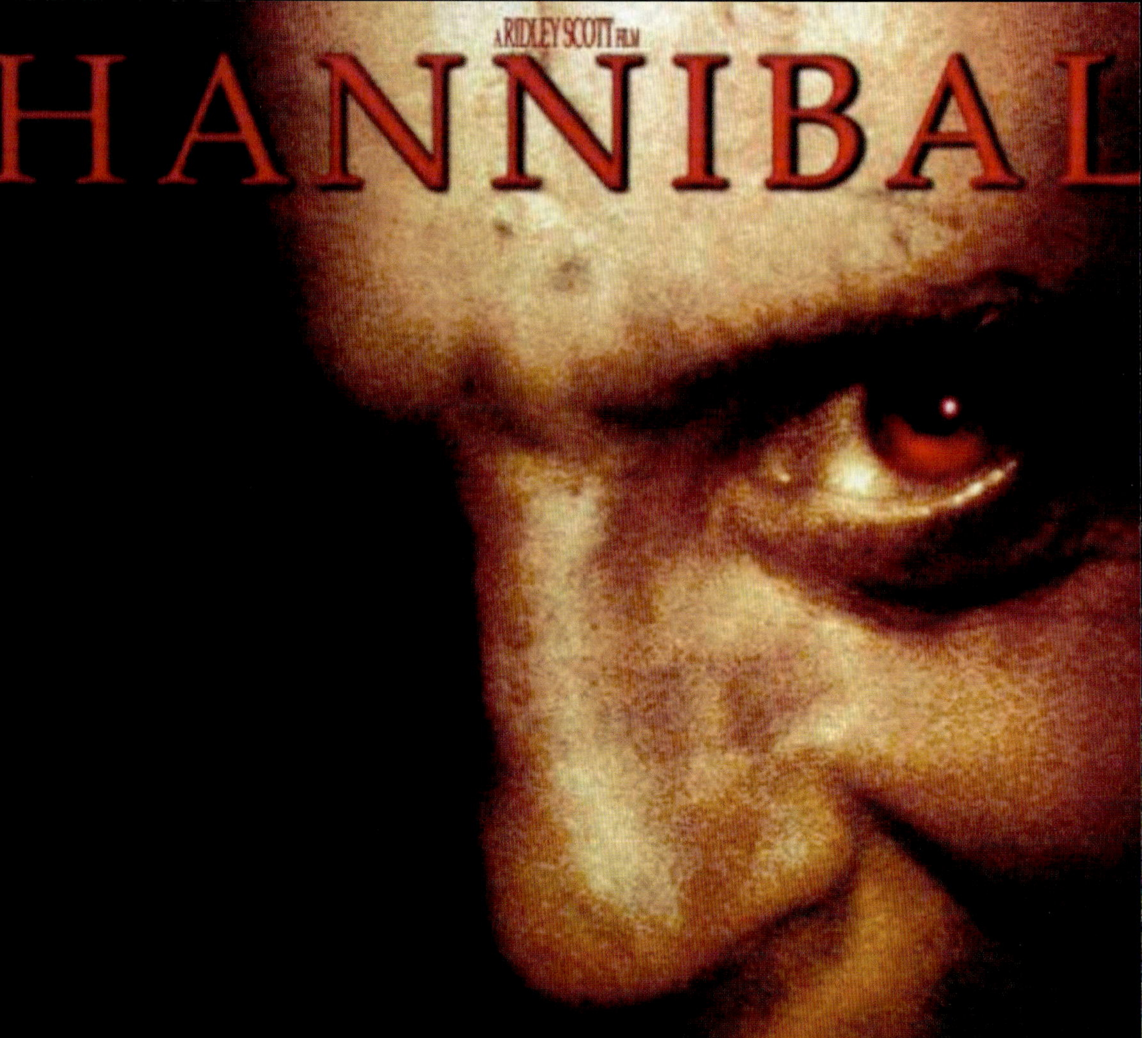

HANNIBAL

«Zimmer, entre la elegancia y el horror»

FECHA: 2001. EE. UU.

Dir.: Ridley Scott.

Intérpretes: Anthony Hopkins (Hannibal Lecter) Julianne Moore (Clarice Starling), Gary Oldman (Mason Verger), Ray Liotta (Paul Krender), Giancarlo Giannini (Rinaldo Pazzi).

ARGUMENTO:

Secuela de *El silencio de los corderos* (1991). El doctor Hannibal Lecter intenta vivir tranquilamente en Florencia, pero una víctima suya quiere vengarse y le localiza.

EL ANTECEDENTE

En la película de 1991, dirigida por Jonathan Demme, la música fue compuesta por Howard Shore. Ya ahí Hannibal Lecter se significó por su amor a la música clásica, lo que le daba al personaje un aire refinado, culto y sofisticado, extrañamente atractivo y opuesto al del también asesino en serie Buffalo Bill. El tema principal arrancó en créditos iniciales, con la agente Clarice Starling (allí interpretada por Jodie Foster) haciendo deporte por el bosque. Una música siniestra, tenebrosa, que es el camino (musical) que la agente —y con ella la audiencia del filme— recorre hasta dar con Buffalo Bill.

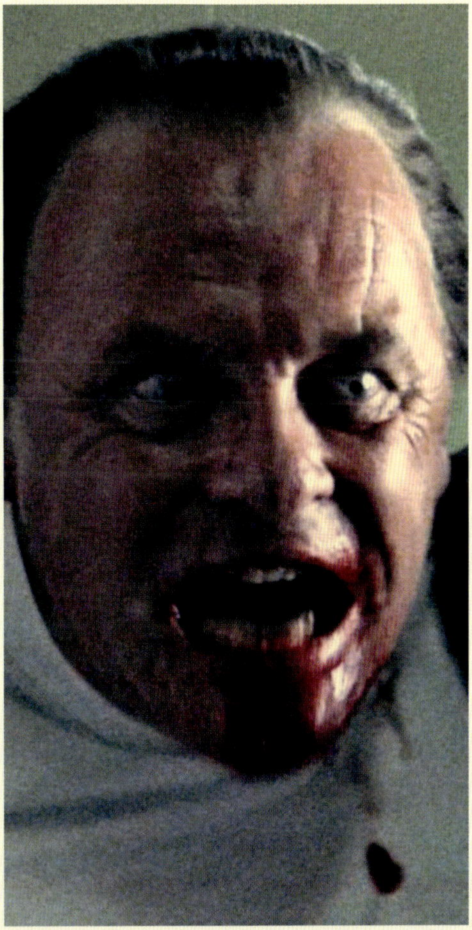

Música para la sublimación...

La música que abre los créditos iniciales en esta secuela es la misma que Hannibal Lecter escuchaba en casete justo antes de asesinar a dos guardas en su reclusión en Memphis, en la película de 1991: las *Variaciones Goldberg, BWV 988*, de Johann Sebastian Bach, que además aquí Lecter toca al piano en una secuencia. Su uso no sólo sirve de conexión entre ambos filmes y de recordatorio de la elegancia y sofisticación del personaje sino que forma parte de un repertorio más amplio de música clásica que se amplía a otros personajes y al tono general de la película, en la que suenan entre otras el *Danubio azul* (de Johann Strauss), para el siniestro personaje de Mason Verger, funcionando como contraste brutal entre la belleza de la música, la decadencia del personaje y la brutalidad de su piara de jabalíes. La *Fuga en fa menor, BWV 881*, también de Bach, se oye durante la siniestra cena del final del filme. Para estar a tono, Zimmer incorporó un aria original, «Vide Cor Meum», compuesta por el irlandés Patrick Cassidy y producida por el autor y por Zimmer, que apareció por vez primera en esta película: suena en la escena donde Lecter y Pazzi asisten a una representación escénica pero también extradiegéticamente en la preparación que hace Lecter de su próximo crimen, lo que incide más en el carácter refinadamente macabro y calculador del caníbal. También con aires clásicos es el tema original de Zimmer titulado «To Every Captive Soul», que aparece en el tramo final, en el último encuentro entre Lecter y Starling. Toda esta música aporta al filme un tono místico, casi religioso y elevado, pero sobre todo aporta a Hannibal Lecter una mayor profundidad

.... y música para la destrucción

La partitura de Zimmer se desarrolla entre la refinada elegancia clásica y el tenso horror físico y psicológico, no de modo independiente sino fusionado: en la música original o preexistente que es o que tiene un tono clásico hay bastante de macabro y en parte de aquélla aplicada para lo macabro y el suspense hay también algo de refinamiento. No en toda, eso sí: el inspector Rinaldo Pazzi, que quiere sacar provecho de Hannibal Lecter y morirá por ello, tiene asignada una música deliberadamente mundana que se reitera en sus pesquisas, que tiene cierto aire triste y que suena por última vez —degradada— en el instante previo al ataque de Lecter.

La relación entre Clarice y Lecter había sido musicalmente desconsiderada en el filme de Demme, nada los unía. Aquí no es así: unas sobrias y breves notas al piano suenan inicialmente con Clarice y Verger cuando ella le interroga y aportan cierto aire de misterio. Es una música que luego se traslada a sus pesquisas en solitario y también suena con Lecter en varios momentos, como justo antes de asesinar a Pazzi, para después unirlos en sus conversaciones. Ya no es música de misterio como de desolación, marcando una pauta pesimista, negativa, de destrucción, que es lo que mejor explica la vinculación entre ambos. Finaliza su recorrido poco antes de que ella sea testigo de cómo los sicarios de Verger le secuestran, y a partir de su reencuentro (ella le salva a él y él la salva a ella) ya no los une esa música decadente sino el lírico «To Every Captive Soul», antes mencionado, que remonta la relación y le da una absoluta elevación.

PEARL HARBOR

«Zimmer para el amor y para el dolor»

FECHA: 2001. EE. UU.

Dir.: Michael Bay.

Intérpretes: Ben Affleck (Rafe McCawley), Josh Hartnett (Daniel Walker), Kate Beckinsale (Evelyn Johnson).

Música adicional: Fiachra Trench, Geoff Zanelli, Martin Tillman, Christopher Ward, James S. Levine, Steve Jablonsky, Klaus Badelt

Premios: Grammy (nominado).

ARGUMENTO:

Dos pilotos, amigos de la infancia y enamorados de la misma mujer, se encuentran en Hawái en la mañana del domingo 7 de diciembre de 1941, día del devastador ataque japonés.

LA MÚSICA:

Poco después de haber hecho un filme como *La delgada línea roja* (1998) Zimmer volvió a un escenario de guerra pero con un enfoque absolutamente diferente, pues aquí su música no salió de la senda de lo ortodoxo y de lo muy concreto. Curiosamente el tema «Journey to the Line» fue empleado en la publicidad de esta película, lo que derivó en que el filme de Malick recibiera más atención gracias al tráiler de *Pearl Harbor*. La música está hecha con orquesta sinfónica, sintetizadores, voz soprano solista e instrumentos étnicos. Es extensa y variada y aborda lo bélico, lo dramático, lo romántico y lo elegíaco.

Amor en tiempos de guerra

La película tiene mucho más de folletín televisivo que de guerra, violencia y muerte, aunque naturalmente también se muestra eso, con espectaculares escenas de efectos especiales. Fue un enorme éxito de taquilla pero recibió críticas negativas, principalmente por la banal y acartonada historia de amor a tres pero también por las incongruencias históricas, su excesiva duración y la falta de fortaleza en la mayor parte de las escenas, salvo las del ataque aéreo.

La música para la guerra es épica y también muy dramática, con momentos de gran intensidad y empleo de voces y coros para llenar las escenas de un tono elegíaco lamentativo. No es un tipo de música que pretenda transmitir un mensaje como en el caso de *La delgada línea roja*, sino diversas emociones, y también servir al sentido del gran espectáculo. La banda sonora es abiertamente partidista: los japoneses son mostrados con un motivo musical muy reiterado y música seria y grave, con ritmos percusivos fuertes e instrumentos étnicos que resaltan su oscuridad, aunque hay algún momento en el que se posiciona desde su perspectiva y entonces es dramática, pero es sólo una breve concesión.

Para los norteamericanos, en cambio, todo es arropamiento empático y sentimental. Rafe y Daniel tienen cada uno un tema musical propio y además comparten un tercero. El tema de Rafe es sustancialmente con piano y es muy romántico. Surge de él en el momento del alistamiento y luego le une a Evelyn, con la que lo comparte. Suena como evocación de ella a él y como referencia cuando le creen muerto y le rememoran. Es una melodía dulce que adquiere un tono triste cuando él regresa, pero ella no sabe cómo decirle que está con Daniel. No es aquí una música para el amor sino para el dolor, hasta que en la escena final, con ambos reunidos formando una familia con el hijo del fallecido Daniel, resurge como música de reconciliación y de futuro.

El tema de la amistad y la camaradería entre Rafe y Daniel aparece en las escenas de su infancia, cuando juegan a ser pilotos, y ya como adultos, siempre referenciando el afecto que los une. Es una música sentimental que también suena para evocar a Rafe cuando se le da por muerto y, una vez reunidos para el combate final, para consolidar su unión fraternal, esta vez con un aire heroico. Muerto David, Rafe regresa con su cuerpo en un ataúd y el tema cierra su periplo ceremonioso y elegíaco. Finalmente, el tema de Daniel abre la película y se convertirá en el gran tema principal de la película, no por las veces que aparece —en realidad son menos que los anteriores— sino porque acaba convirtiéndose en el tema que realmente une a los tres protagonistas, cerrando además el filme. La música expresa la nobleza y buenos sentimientos de Daniel, y sus primeras notas son la base para la canción nominada al Óscar «There You'll Be», compuesta por Diane Warren.

BLACK HAWK DERRIBADO

«Meter a la audiencia en el infierno»

(BLACK HAWK DOWN)

FECHA: 2001. EE. UU.

Dir.: Ridley Scott.

Intérpretes: Josh Hartnett (Matt Eversmann), Ewan McGregor (John Grimes), Tom Sizemore (Danny McKnight), Ewen Bremner (Shawn Nelson).

Música adicional: Michael Brook Martin Tillman, Jeff Rona, Heitor Pereira, Tobias Enhus y Craig Eastman.

ARGUMENTO:

Filme basado en hechos reales sobre la fracasada acción militar de las tropas de Estados Unidos en territorio de Somalia, en plena guerra civil del país.

LA MÚSICA:

La banda sonora fue escrita en colaboración con otros músicos en lo que se denominó «The War Room» de los estudios Media Ventures. Fue experimental, deliberadamente caótica y anárquica, aunque en realidad con mucho orden y lógica. Se emplearon instrumentos y sonidos autóctonos de África, así como la participación del vocalista senegalés Baaba Maal, del cantante bretón Denez Prigent y de la australiana Lisa Gerrard. El método de trabajo fue muy poco ortodoxo: el equipo de Zimmer veía la película del tirón, en lugar de ir escena a escena, y buena parte de lo creado fue fruto de la improvisación. Zimmer lo llegó a comparar con el modo de pintar de Jackson Pollock.

Bandos musicales enfrentados

Al combate entre soldados en la película se le suma lo que es una auténtica batalla musical con el mismo poder y la misma fuerza: música electrónica para los norteamericanos y étnica para los somalíes, aunque ambos bandos tienen también los dos tipos de música, con ausencia total de patriotismo, pues son dos culturas enfrentadas y es una guerra sin cuartel. La guitarra eléctrica subraya con aspereza las acciones de los rebeldes somalíes, tales como robar al pueblo las provisiones de las ONG, o cuando se rearman para enfrentarse a los soldados norteamericanos. Forma un motivo musical fusionado con música étnica que sutilmente les referencia y que aparece también en las acciones de los norteamericanos, mostrando y evidenciando el peligro de los somalíes. En contraste absoluto, una guitarra española señala las flaquezas emocionales de los norteamericanos, sus miedos. La música en algunas escenas de acción recuerda a Jerry Goldsmith y en otras al Ennio Morricone de los wésterns. Son referencias, en ningún caso imitaciones o copias, que funcionan bien y que le dan al filme un extraño aire irreal, ficcionado, que contrasta con el hiperrealismo de la puesta en escena.

Los efectos sonoros son esenciales en la dramaturgia y en el proceso de inmersión de la audiencia en la película. Son tan importantes como necesarios y su protagonismo es reconocido por la aportación de Zimmer. Pero los efectos sonoros forman parte de lo orgánico, de lo que está a ras de batalla, como también buena parte de la música de Zimmer, dispuesta tanto para las acciones como para las distintas emociones. Sin embargo, Zimmer logra aportar con su música un nivel de elevación y trascendencia del todo determinante: aunque la película no pretende dar discursos morales a los espectadores sino hacerlos sentir que están en las peligrosas calles de Mogadiscio, sí hay lugar para la reflexión: toda la tristeza de la situación en Somalia, toda la locura contenida en estas batallas y, sobre todo, la vulnerabilidad de los soldados queda reflejada en los distintos temas vocales, lamentativos, que ocupan una parte importante de la banda sonora y que aparecen para significarse y dar significado en un contexto de tanta violencia, también musical, que es sustancialmente agresiva y desagradable. En la misma línea está el que podría considerarse el tema principal —esta película, aunque tiene motivos reiterados, no sigue los patrones ortodoxos en la arquitectura narrativa de la música de cine— sirve

para rendir homenaje a los soldados y a resaltar las brutales consecuencias que deben sufrir: no en vano aparece por vez primera ante un soldado que ha perdido la mitad del cuerpo, cintura abajo, y se extiende en la forma casi de adagio en los que están combatiendo y a punto de perder la vida.

Ésta es una banda sonora hecha para hacer sentir a la audiencia lo que es el infierno físico y emocional. No pretende ser agradable sino dolorosa y brutal. Zimmer afirmó que quería crear una partitura que nunca se hubiera hecho antes y lo consiguió.

La última con Ridley Scott

Tras esta película, Zimmer y Scott volvieron a colaborar en *Los impostores* (2003) y tras ella tomaron rumbos separados. Es una comedia sobre una pareja de estafadores cuya tarea se complica cuando aparece súbitamente la hija adolescente de uno de ellos, que quiere seguir los pasos de su padre. Zimmer creó una jovial banda sonora de comedia con temas bufonescos y desenfadados, que se destaca por su tema principal, en el que se incluye una referencia a la música de Nino Rota para *La Dolce Vita* (1960), a modo de emulación de la farsa en la que viven los protagonistas. En el resto, se prima el uso de instrumentos solistas como el acordeón, la marimba, el órgano, silbidos o la guitarra, con influencia jazzística.

THE RING (LA SEÑAL)

«Macabra nana de Zimmer»

(THE RING)

FECHA: 2002. EE. UU.

Dir.: Gore Verbinski.

Intérpretes: Naomi Watts (Rachel Keller), David Dorfman (Aidan Keller), Martin Henderson (Noah Clay).

Música adicional: Martin Tillman, Henning Lohner, Bill Fulton y James Dooley.

ARGUMENTO:

Remake de la película japonesa de Hideo Nakata *The Ring (el círculo)* (1998) sobre el misterio que rodea a una cinta de vídeo cuyo contenido provoca la muerte retardada a todo el que lo ve. Una periodista decide investigar sin prever lo mucho que la afectará.

LA MÚSICA:

Esta banda sonora se mueve con soltura por los códigos y clichés del género de terror, a los que no renuncia y de los que saca buen provecho. Zimmer creó su partitura con un conjunto de cuerdas de cámara, caracterizada por impactantes *crescendi* y por un lenguaje principalmente disonante, con el contrapunto de lo dramático y lo sentimental, en el que dos violoncelos (a cargo de Martin Tillmann y Tony Pleeth) y el piano son instrumentos protagonistas, así como la voz de Gina Segall.

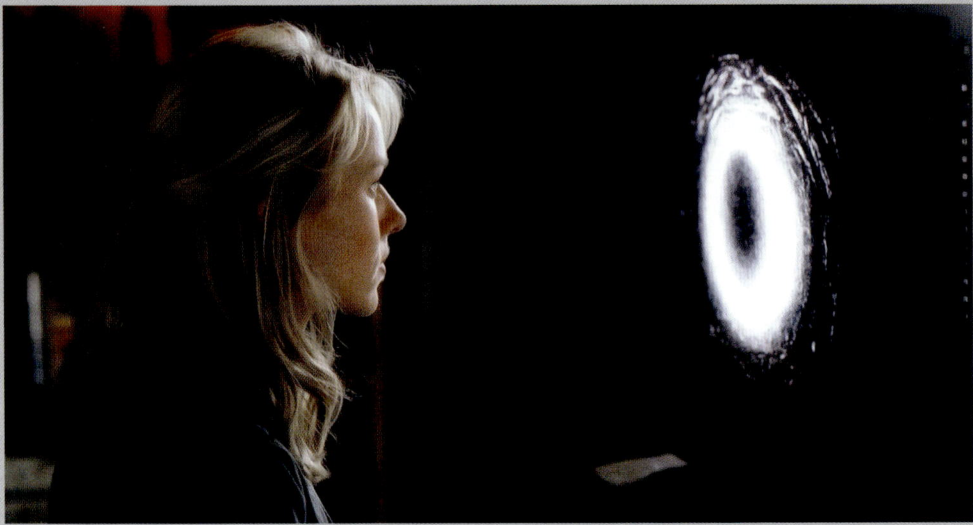

El pasado y el presente del horror

Tras algunas pesquisas, la protagonista descubre que la causa de todas las muertes se llama Samara, una niña adoptada y posteriormente asesinada al descubrir sus padres que tenía poderes sobrenaturales. Arrojada a un pozo, la pequeña sobrevivió durante siete días antes de morir de hambre. La película tiene *flashbacks* que recrean esa historia y que afectan a lo que sucede en el presente, y pasado y presente se unen en la música de Zimmer, como también se enlazan musicalmente la causa (el tormento de Samara) y su consecuencia (la maldición).

El tema absoluto protagonista es la canción de Samara, una nana que se oye cantar a la niña pero que se traslada al plano extradiegético tanto en las escenas del pasado como —y es lo más relevante— en el presente, acechando sutil pero retorcidamente a la protagonista y su hijo. La canción tiene una letra apenas perceptible: «Round we go / The world is spinning / When it stops / It's just beginning / Sun comes up / We live and we cry / Sun goes down / And then we all die» («Giramos / El mundo gira / Cuando se detiene / Apenas está comenzando / Sale el Sol / Vivimos y lloramos / Se pone el Sol / Entonces todos morimos»). Esta macabra nana en realidad sólo se oye claramente en la secuela del filme, *La señal 2* (2005), de Hideo Nakata. Allí es cantada por la madre de Samara (interpretada por Sissy Spacek), en un sanatorio mental. En esta secuela Zimmer no participó con música original aunque su tema musical fue nuevamente el más importante.

La frase principal de la canción de Samara se versiona con piano (también con *glockenspiel*) y suena en varias secuencias donde aparecen Rachel y su hijo Aidan, exponiéndose como una sombra amenazante de aquel pasado que pende sobre ambos en su presente, mucho antes de que efectivamente el malvado poder de Samara se cebe sobre ellos y también previamente a que se sepa que es su canción. El piano, un instrumento tan llamativo, sirve también para marcar dramáticamente el camino que recorre la protagonista, con otra música pero creando una evidente sinergia con la macabra canción de cuna. En lo demás Zimmer crea una atmósfera de terror con música vibrante y disonante en la que sobresalen sintetizadores y diseños sonoros que aportan oscuridad, pero sobre todo dos violoncelos que son junto a la nana el más potente elemento de terror de la banda sonora. Se enfrentan entre sí, casi nunca suenan a la par, son retorcidos y su falta de conexión genera confusión, desorden y finalmente terror. Toda la banda sonora, de hecho, se sustenta en el caos y no es hasta los créditos finales —que duran ocho minutos— cuando las músicas se unen para exponerse en perfecto orden y belleza pues, a fin de cuentas, quien las había contaminado había sido Samara, que en créditos finales ya no está. O sí...

EL ÚLTIMO SAMURÁI

«Épica, redención y algo de confusión»

(THE LAST SAMURAI)

FECHA: 2003. EE. UU.

Dir.: Edward Zwick

Intérpretes: Tom Cruise (Nathan Algren), Ken Watanabe (lord Moritsgu Katsumoto), Koyuki Kato (Taka), Shin Koyamada (Saigo Nobutada).

Música adicional: Geoff Zannelli, Trevor Morris, Blake Neely.

Premios: Globos de Oro (nominación)

ARGUMENTO:

Un veterano de la guerra civil norteamericana adiestra en Japón a las tropas del emperador para que luchen contra los samuráis. Pero tras una batalla es capturado y cambia de bando.

LA MÚSICA:

Este filme conjuga epicidad con dramatismo, en la línea de *Tiempos de gloria* (1989) y *Leyendas de pasión* (1994), ambas películas también de Edward Zwick, y ambas con música de James Horner. Aquí, Zimmer trabajó con música sinfónica occidental, música oriental, coros, electrónica e instrumentos étnicos varios como tambores *taiko*, un arpa *koto* y la flauta de bambú *shakuhachi*.

Lo épico y lo nostálgico

Ésta es una de las bandas sonoras más celebradas del compositor, al menos entre las que hizo a principios de siglo. Es épica, es muy dramática y está impregnada de melancolía por casi todas partes y en casi todos sus temas. Son todas melodías de fuerte personalidad, distintivas y diferentes, que representan personajes, sentimientos, conceptos o grupos, y que se relacionan entre sí. Sin embargo, y como sucedió en la también muy celebrada película de Zwick *Leyendas de pasión* (1994), en la película hay cierta confusión en el empleo de los temas, que acaban solapándose y diluyendo su significación. No en todos los casos, pero sí en algunos como por ejemplo el poderoso tema que enfatiza y aporta gran dramatismo a la primera batalla en el bosque entre norteamericanos y japoneses. Este tema vuelve a aparecer más adelante, ya en la batalla final, insertado entre otras músicas. Podría parecer, pues, que es una música que representa el fragor de la lucha, pero no es así: se escucha cuando Nathan es literalmente vencido y apaleado por un japonés frente a lord Moritsgu Katsumoto y también cuando asiste impotente a la humillación a Saigo Nobutada, el samurái a quien cortan la coleta. En ambos casos, la música aporta gran dramatismo pero resulta poco clara relacionada con las otras escenas, especialmente cuando no se emplea en otras batallas ni en otras derrotas, lo que resulta cuando menos confuso.

También sucede con el tema de lord Moritsgu Katsumoto, que se presenta con flauta con la aparición del personaje, al principio del filme, mientras medita. Es una música de aires espirituales, tranquila, que le fusiona con el paisaje y le da profundidad. Vuelve a sonar con él, más adelante, cuando es testigo frente a su tropa de cómo Nathan se defiende con coraje del ataque de sus soldados, tras haber sido derrotados. Esta reiteración de la música es también la reiteración de que es más que un guerrero y muestra la nobleza de su carácter. Ya aliados y amigos, el tema reaparece en una breve conversación pero sorprendentemente, y a pesar de la gran importancia del personaje, su música no es utilizada de nuevo, ni tan sólo en su muerte, cuando todos los soldados se postran ante él. Ciertamente, los samuráis tienen un tema musical, y este personaje queda incluido en él, pero resulta poco comprensible que se le hubiera individualizado y luego anulado, frente a Nathan, que sí mantiene un tema propio a pesar de que también se integra en el de los samuráis.

Los samuráis son mostrados a través de un tema con dos partes diferenciadas: una resalta su honor y la otra su valor. Las dos primeras veces que aparece la música que referencia el honor es cuando desfilan ante la población, luego cuando lord Moritsgu Katsumoto tiene un encuentro con el emperador, y tanto en esta escena como en la muerte de su hijo Saigo suena muy dramática, evidenciando los malos tiempos que corren para los samuráis. Aun así, recupera su brío y fuerza tanto en la preparación como en la batalla final. La parte vinculada al valor implica directamente a Nathan (personaje que a su vez tendrá un tema musical propio) y suena por vez primera cuando contempla el traje rojo de guerrero, que será el que más adelante llevará en la batalla final. Con esta música se integra poco a poco con los samuráis, como uno más de ellos, y sonará esplendorosa con todos juntos en la previa y en el combate. Tras la derrota, Nathan se reúne con el emperador para entregarle la catana de lord Moritsgu Katsumoto y lo hace con estas dos músicas, otorgándoles aquí un valor simbólico máximo, tanto que cuando el emperador toma la katana, también hace propias, de alguna manera, las músicas de los samuráis.

Finalmente, Nathan, que relata parte de su experiencia con voz en *off*, se explica también a través de una emotiva música que le muestra como alguien que busca y encuentra su redención —ha llegado a Japón como un alcohólico y fracasado— y que gana para sí mismo un profundo sentido del honor y valentía. Se trata de un tema musical que surge de la contemplación a los demás, que pronto se inserta dentro de él y resalta su paz espiritual y como consecuencia su amor, el fraternal por sus compañeros y especialmente el sentimental por Taka, la hermana viuda de Katsumoto. Con ese espíritu redimido y cambiado se encuentra con el emperador en la escena final: es otro hombre. Y con esa música se reunirá con su amada. Hay en este tema musical (que por su calado dramatúrgico es el principal de la banda sonora) mucha similitud con lo que Zimmer hizo en *La delgada línea roja* (1998): emoción y filosofía unidas al concepto del honor tan característico de la cultura nipona y sus guerreros samuráis.

TRILOGIA ROBERT LANGDON

EL CÓDIGO DA VINCI

(THE DA VINCI CODE)

FECHA: *2006. EE. UU.*

Dir.: *Ron Howard.*

Intérpretes: *Tom Hanks (Robert Langdon), Audrey Tautou (Sophie Neveu), Ian McKellen (sir Leigh Teabing), Alfred Molina, (obispo Aringarosa), Jean Reno (capitán Bezu Fache).*

Música adicional: *Richard Harvey, Lorney Balfe, Blake Neely, Nick Glennie-Smith, James Dooley.*

Premios: *Globo de Oro y Grammy (nominación).*

ÁNGELES Y DEMONIOS

(ANGELS & DEMONS)

FECHA: *2009. EE. UU.*

Dir.: *Ron Howard.*

Intérpretes: *Tom Hanks (Robert Langdon), Ewan McGregor (Patrick McKenna), Ayelet Zurer (Vittoria Vetra), Stellan Skarsgård (Maximiliano Richter).*

Música adicional: *Lorne Balfe, Atli Örvarsson y Geoff Zanelli.*

INFERNO

FECHA: *2016. EE. UU.*

Dir.: *Ron Howard.*

Intérpretes: *Tom Hanks (Robert Langdon), Felicity Jones (Sienna Brooks), Omar Sy (Christoph Bouchard), Sidse Babett Knudsen (Elizabeth Sinskey).*

Música adicional: *Michael Tuller, Steve Mazzaro, Julian Pastorelli, Paul Mounsey, Andrew Kawczynski y Richard Harvey.*

ARGUMENTO:

Trilogía basada en las novelas de Dan Brown con el profesor de simbología religiosa Robert Langdon de protagonista: en *El código Da Vinci* un asesinato en el Louvre y pistas en unos cuadros de Leonardo da Vinci conducen al descubrimiento de un misterio religioso protegido por una sociedad secreta. En *Ángeles y demonios* un asesinato en el Vaticano desvela una trama para perpetrar un acto terrorista devastador. Finalmente, en *Inferno*, el protagonista debe atravesar Europa para frustrar la activación de un arma con el poder de aniquilar a la mitad de la población mundial.

LA MÚSICA:

Es importante señalar que aunque *El código Da Vinci* es una novela posterior a *Ángeles y demonios*, Ron Howard no quiso tratar a ésta como una precuela de aquélla sino como secuela, para mostrar al personaje con experiencia. Así pues la música de Zimmer para la trilogía sigue el orden dramatúrgico y narrativo marcado por el director, no por Dan Brown, lo que resulta importante para el entendimiento del arco dramático que forman unidas las tres bandas sonoras y para el desarrollo del tema principal. *El código Da Vinci* es una creación clásica y luminosa, mayoritariamente sinfónica y coral y con algo de electrónica. *Inferno*, en el otro extremo, pierde ese clasicismo y luz y se desarrolla en territorios de oscuridad siniestra, con abundante electrónica. *Ángeles y demonios* está en una zona intermedia, como un tránsito entre ambas: música de cámara, destacado empleo del violín (interpretado por Joshua Bell), coros y sintetizadores.

Langdon y sus misterios

Hay un tema musical que en la edición discográfica de la banda sonora de *El código Da Vinci* se titula «Chevaliers de Sangreal». Fue concebido para esa película pero se reutilizó en las dos siguientes, vinculándose directamente con el protagonista y con sus aventuras, que fueron así cohesionadas. Se presenta en el comienzo de *El código Da Vinci* sobre los créditos como música avanzada, antes de ser relacionada con el personaje. Aporta solemnidad, nobleza y también belleza, lo que contrasta con su segunda aparición pues, aunque muestra a Langdon dirigiéndose a una audiencia, también suena en montaje paralelo con el agónico Jacques Saunière, recién atacado en el Louvre por Silas. La música, así y aquí, vincula a Langdon con la aventura a punto de comenzar para él, subrayando un aire de misterio. En sus siguientes apariciones incrementa un tono de fascinación que eclosiona en la escena de la abadía de Westminster, donde abre el críptex y tiene las visiones reveladoras. A partir de aquí, y en las pesquisas que prosiguen, se convierte en una música muy propulsiva, que impulsa al protagonista a seguir adelante representando más lo que busca que al propio personaje, y en la resolución final, en el Louvre, la música alcanza su máximo de emotividad.

Ángeles y demonios arranca en los créditos con el tema interpretado con un lírico violín que inmediatamente es cercenado por contundentes coros, avance de lo que se le viene encima a Langdon: su enfrentamiento con el marmóreo —y siniestro— poder de una parte de la Iglesia católica. El tema, nuevamente, se relaciona con sus pesquisas, pero en este filme suena mucho más dramático y grave, como en la secuencia de la plaza de San Pedro en el Vaticano, llena de gente y con francotiradores, donde se versiona con órganos que dan un cariz muy siniestro, o en el rescate a una de las víctimas, a punto de ahogarse en una fuente, donde tiene aires trágicos. Sin embargo, por alguna extraña decisión, no aparece más hasta los créditos finales. Puede deberse a un segundo tema, referido a los Illuminati, del que enseguida hablaremos. En *Inferno*, por fin, la música suena muy difuminada y también contaminada por la electrónica, resulta crepuscular y decadente y da un aire triste, casi derrotado, tanto a Langdon como a la nueva aventura, a pesar de las secuencias de acción, donde gana en intensidad. Ya hacia el final, con Langdon en la ambulancia junto a su amiga Elizabeth, la música se focaliza absolutamente en él, ya no en su aventura, y por su tono apagado pareciera como si, de alguna manera, Zimmer quisiera poner un punto final a la música y al personaje, aunque el cierre del filme da un giro que reaviva el tema y abre la puerta a una cuarta película que, de momento, no se ha realizado.

Otras músicas, otros ambientes

Las tres películas tienen, naturalmente otras músicas, singulares y específicas. En *El código Da Vinci* hay varias para recrear entornos oscuros y crípticos, con un reiterativo motivo muy siniestro. Sobresale también el tema del albino Silas, que muestra lo tenebroso que es pero también su sufrimiento, genera incomodidad y mantiene el misterio sobre el personaje. También importantes son los temas corales, varios y diversos, para dar misticismo a algunos de los relatos que se hacen sobre los hechos acontecidos pero también para las secuencias en el presente. Aportan en algunos momentos gran belleza, como en el descubrimiento de la identidad de Sophie, en otros remarcan el misterio y en otros son de gran dramatismo, como en la muerte de Silas. Para Sophie, por su parte, hay un tema inicialmente delicado e intimista, con piano y violoncelo, que tiene un trasfondo de misterio que muestra —sin evidenciarlo— que hay algo por descubrir en ese personaje, tal y como se revelará más adelante. Sus ocasionales aires medievales no hacen sino avanzar ese descubrimiento, relacionado con su linaje.

En *Ángeles y demonios* los coros son también muy relevantes, se escuchan para lo solemne —como al principio del filme, con la muerte del papa—, pero también son una herramienta de misterio y turbación e incluso de énfasis de la acción en un par de secuencias por las calles de Roma. Si en *El código Da Vinci* el tema principal marcaba el camino hacia la revelación del misterio, aquí el camino se bifurca en dos, con la incorporación de otro tema musical que guía al protagonista y a la audiencia hacia los Illuminati, siguiendo la ruta de sus fechorías. Se trata de una música que guarda parecido con la que tanto significara Richard Robbins en el cine de James Ivory: minimalista, reiterativa, circular, como representando el secretismo de lo que no se deja descubrir a la par que aporta cierto componente siniestro. Tiene variaciones, algunas con presencia coral que la intensifican. Zimmer compuso un muy bello tema que en la edición discográfica tituló significativamente «Science and Religion». Se relaciona con el padre Patrick McKenna y eclosiona cuando toma el frasco de antimateria y pilota un helicóptero para volar a gran altura y hacer que explote, salvándose él al saltar en paracaídas. Ésa es la ciencia y la religión que une la música y que convierte al personaje en un héroe y salvador, candidato firme para ser papa antes de que se revele la conspiración.

Vittoria, la coprotagonista, no tiene música para ella, como sí la tuvo Sophie en *El código Da Vinci* y como sí la tiene Elizabeth —pero no Sienna— en *Inferno*: el suyo es un pequeño tema intimista de cuatro notas y con el piano como instrumento principal. Aparece poco, lo que no ayuda a dotar de identidad emocional al personaje, como tampoco suena mucho un motivo relacionado con la investigación, nuevamente minimalista y con aires a Richard Robbins. El villano y su malvada carecen de temas y en el resto del filme hay música dramática pero es sustancialmente ambiental, para generar una atmósfera de ofuscación e incertidumbre, representada con música electrónica que emula el imperio y dominancia de la tecnología.

Zimmer resumió así su trabajo en las tres películas: «Si *El código Da Vinci* era yo en mi versión más clásica, y *Ángeles y demonios* trataba de conciliar la idea de Ciencia y religión, *Inferno* trata de la desorientación, con una experimentación temeraria, más personal y más oscura». Así fue.

Disney
PIRATES of the CARIBBEAN
ON STRANGER TIDES

PIRATES of the CARIBBEAN
AT WORLD'S END

HANS ZIMMER y JACK SPARROW

La saga de *Piratas del Caribe* es uno de los más grandes éxitos comerciales en el cine del siglo XXI. Son cinco películas (con una sexta en marcha) que además se ha extendido al mundo de los videojuegos. Su origen es un espectáculo en vivo en el parque de atracciones Disneyland, cuya canción «Yo Ho», de George Bruns, es un punto de partida fundamental en las músicas de la serie. Son distintas aventuras protagonizadas por el alocado pirata Jack Sparrow (Johnny Depp), junto a la pareja romántica formada por Will Turner y Elizabeth Swann (Orlando Bloom y Keira Knightley) o el siniestro pirata Héctor Barbossa (Geoffrey Rush), entre otros personajes. Son películas con gran despliegue de efectos especiales y músicas que se hicieron enormemente populares, en especial el tema principal de Jack Sparrow. Salvo en la quinta entrega Hans Zimmer estuvo en todas ellas, aunque en la primera de modo no acreditado.

Antes de subir a bordo con Zimmer y Jack Sparrow, es importante rescatar de las nieblas del olvido el notable trabajo que hizo el compositor en la película de Brian Henson *Los Teleñecos en la isla del tesoro* (1996), que contó con una enérgica música precedente de la saga de piratas. Esta simpática película con los personajes de Jim Henson tuvo animadas canciones de Barry Mann y Cynthia Weil y una partitura instrumental de Zimmer que arranca con una potente melodía con trompa que evoca las canciones marineras y las viejas películas sobre alta mar. Luego prosigue con temas para la acción épica pasados por un filtro de comedia, con aires carnavalescos y alguna referencia humorística a la música de *Marea Roja* (1995). Esta banda sonora sentó las bases de lo que sería amplificado y desarrollado en *Piratas del Caribe: la maldición de la Perla Negra* (2003): música de piratas y aventuras pero sobre todo y ante todo música de comedia para hacer más divertida la película. Algo que sería criticado pero que deliberadamente marcó claras diferencias con los legendarios filmes de piratas con músicas solemnes y serias de Korngold, Waxman y tantos otros.

Zimmer en la sombra

Oficialmente la música de *Piratas del Caribe: la maldición de la Perla Negra* no es de Hans Zimmer sino de Klaus Badelt junto a siete compositores adicionales acreditados (Ramin Djawadi, Blake Neely, James Dooley, James McKee. Smith, Nick Glennie-Smith, Geoff Zanelli y Steve Jablonsky). Zimmer figura como productor musical. La banda sonora había sido inicialmente asignada a Alan Silvestri, compositor de la escuela clásica, pero no era lo que se buscaba y fue finalmente despedido. Entró entonces Zimmer y su empresa Media Ventures, pero él al estar comprometido con *El último samurái* (2003) no podía figurar como compositor y las premuras de tiempo eran muy considerables. Lo que hizo fue crear algunas de las melodías y Badelt otras, y a partir de eso trabajaron éste y el equipo de compositores. La marca Zimmer es clara en las músicas, que estuvieron mucho más cerca de la idea de parque temático que de los filmes legendarios de Errol Flynn con bandas sonoras de Korngold.

Pero ése era el enfoque buscado por Gore Verbinski, el director, y Jerry Bruckheimer, el productor.

La banda sonora —sinfónica y electrónica— tiene gran número de temas, lo que resulta algo confuso: los hay para la acción, el misterio, lo sentimental y por supuesto el humor, pero el escaso tiempo del que dispuso el equipo de compositores se hace notar en la falta de desarrollo de algunos de esos temas, que o bien son básicamente repetidos o bien infrautilizados.

Los hay que son claros y comprensibles, como la melodía de amor entre Will Turner y Elizabeth Swann, el tema grave y siniestro del pérfido Barbossa, el de la *Perla Negra* y su leyenda, o las distinta músicas (pues son varias) referidas a Jack Sparrow: jocosas unas y serias otras, siendo obviamente el animado tema principal el más relevante de todos. En la creación de las dos primeras partituras la *Perla Negra* sirvió de contrapunto a la idea temática de Jack Sparrow, omnipresente a lo largo de la saga.

Más y mejor

La banda sonora de *Piratas del Caribe: el cofre del hombre muerto* (2006), nuevamente dirigida por Verbinski, sí fue firmada por Hans Zimmer, aunque con la presencia de siete compositores de música adicional (repitieron Glennie-Smith y Zanelli y se incorporaron a bordo Lorne Balfe, Tom Gire, Henry Jackman, Trevor Morris y John Sponsler). La trama acontece poco después del final de la primera, con Elizabeth y Will arrestados por traición por el infame gobernador Cutler Beckett (Tom Hollander), que intenta atrapar a Sparrow, quien debe hacer frente a sus propios problemas, pues el capitán de los Holandeses Errantes y su tripulación de bucaneros quieren que cumpla su promesa y les ceda su alma eterna. El filme es un festín lleno de aventura y diversión, con una banda sonora que mantiene la línea establecida con máximo aprovechamiento de buena parte de los temas musicales presentados en la anterior entrega, aquí desarrollados. Todos están mejor y más claramente integrados —se evidencia que hubo más tiempo para hacerla— y hay espacio para la aparición de nuevos temas y motivos. Aquí, el tema de Jack Sparrow es tan protagónico que todos los demás comienzan con sus tres primeras notas y Zimmer le añade varias capas: romanticismo, lo heroico, lo travieso, poderoso, positivo, decadente y sorprendente, con la idea fue evolucionar al personaje hacia alguien imprevisible, muy vivo. Zimmer comparó los torturados marineros del Holandés Errante con una banda de moteros, y como tal la música

es con dominancia de bajos, sintetizadores, metales y con un órgano clásico para el viscoso Kraken, que toca las teclas del instrumento con sus patas de calamar. El personaje de la adivina vudú cuenta con una música donde es fundamental la voz de Dolores Clay emitiendo gemidos y lamentos retorcidos, inhumanos y fantasmagóricos. Los caníbales, por su parte, cuentan con un tema percusivo con efectos vocales. Globalmente es una creación desenfrenada y abiertamente transgresora, un divertimento al máximo que dio mucho y buen vuelo a esta segunda entrega.

En *Piratas del Caribe: en el fin del mundo* (2007), tercera y última dirigida por Verbinski, después de que Jack Sparrow desapareciera durante su batalla con el Kraken, Will y Elizabeth aceptan acompañar a Barbossa al fin del mundo para rescatarlo del olvido. Para lograrlo, deben viajar a Singapur para contar con la ayuda de Sao Feng (Chow-Yun Fat), un pirata despiadado. Zimmer creó la que es quizá la mejor y más completa de las hechas hasta la fecha, tanto por el desarrollo de los temas previos (en especial el de Davy Jones, grandioso) como por las nuevas aportaciones, pero especialmente por la mayor presencia de la orquesta frente a los sintetizadores. Tiene más energía y entusiasmo que las dos anteriores y una paleta orquestal y coral más amplia, con destacadas voces femeninas solistas, ocasionalmente operísticas, que interpretan músicas fantasmales. De entre los nuevos temas sobresale uno romántico para Jack y la tripulación de la *Perla Negra*, que funciona también en lo heroico y para el énfasis de la acción. Otro tema nuevo es un himno pirata cantado por un niño que aparece varias veces diegéticamente y luego es usado como canto fúnebre por un coro masculino, y Sao Feng cuenta con su propio tema oriental, interpretado por un *erhu* y voces sin palabras que suenan asiáticas. Hay también tributos a Ennio Morricone referenciando la música de *Hasta que llegó su hora* (1968) en algunos momentos relacionados con Sparrow. Pero el más relevante es un tema completamente nuevo para Will y Elizabeth, una hermosa melodía envolvente que también se usa para subrayar momentos más trágicos.

La última aventura hasta la fecha de Zimmer con Sparrow ha sido en *Piratas del Caribe: en mareas misteriosas* (2011), dirigida en esta ocasión por Rob Marshall, aunque la franquicia ha seguido con de momento un filme más, *Piratas del Caribe: la venganza de Salazar* (2017), de cuya música se ocupó Geoff Zanelli. En *En mareas misteriosas* desaparecen algunos de los personajes principales (Will, Elizabeth y Davy Jones), aunque aparecen nuevos: Angelica (Penélope Cruz), su padre Barbanegra (Ian McShane), Philip (Sam Clafin), un misionero, o Syrena (Àstrid Bergès-Frisbey) una sensual sirena. La trama trata sobre las aventuras de Sparrow en busca de la fuente de la juventud. Fue una creación continuista y para añadir un toque hispano participaron los guitarristas mexicanos Rodrigo Sánchez y Gabriela Quintero, que hicieron versiones flamencas de los temas previos, y el compositor Eric Whitacre contribuyó con música coral. Entre el material nuevo destacó el tema de Angelica, melodía bailable latina inspirada en un tango (escrito por Eduardo Cruz, hermano de la actriz) que en sus variaciones funciona alternativamente como música romántica y nada romántica para la relación amor/odio entre ella y Sparrow. Barbanegra cuenta con un tema siniestro y amenazante con cierta similitud al tema de Davy Jones. La pareja de Philip y Syrena con una melodía de amor de aires melancólicos y con inflexiones vocales que representan el canto de sirena, con voz soprano de Hila Plitmann. Globalmente fue una entrega musical desangelada y sin la garra de las anteriores, y Zimmer decidió dejar la *Perla Negra*.

El cofre del hombre muerto **En el fin del mundo** **En mareas misteriosas**

THE HOLIDAY (VACACIONES)

«Romanticismo a la vieja usanza»

(THE HOLIDAY)

FECHA: 2006. EE. UU.

Dir.: Nancy Meyers.

Intérpretes: Cameron Diaz (Amanda), Kate Winslet (Iris), Jude Law (Graham), Jack Black (Miles), Elli Wallach (Arthur).

Música adicional: Ryeland Allison, Atli Örvarsson, Henry Jackman, Lorne Balfe, Heitor Pereira.

ARGUMENTO:

Dos mujeres, una estadounidense y la otra británica, sufren problemas de amor e intercambian sus casas para pasar sus vacaciones, donde cada una conoce a un hombre.

LA MÚSICA:

Ésta es una banda sonora romántica y de comedia a la vieja usanza, hecha con orquesta y empleo de instrumentos como la trompeta, el piano y la guitarra acústica, así como las voces de Imogen Heap y Suzanne Zimmer, por entonces la esposa del compositor. Hay canciones ambientales, preexistentes y empleadas en diégesis, y una referencia deliberada al tema de Deborah de Ennio Morricone para *Érase una vez en América* (1984), que constituirá el tema romántico de este filme.

Amor con música de cine

Hay tres temas centrales muy importantes, uno para cada una de las protagonistas y el otro para la relación sentimental de Amanda con Graham. Iris y Miles no tienen tema de amor porque durante el filme su relación es de amistad y no deciden unir sus vidas hasta el final, mientras que Amanda y Graham se aman prácticamente desde que se conocen. Para Iris hay un tema presentado con piano que expone su fragilidad y vulnerabilidad, mientras que el tema de Amanda es inicialmente desenfadado y animado: ambos muestran cómo son los personajes antes incluso de que se sepa mucho sobre ellas e irán perfilando sus cambios en actitud y emociones con distintas variaciones. La música de Iris viaja de la tristeza y melancolía a la explosión de alegría y seguridad, mientras que la de Amanda parte de cierta superficialidad para progresivamente definirla como una mujer más seria y también frágil.

Miles es compositor de cine y fanático de Morricone, Williams o el propio Zimmer, a quien cita. En la película, además de las referencias a éstos, toca al piano bandas sonoras y compone las propias. La primera escena le muestra creando música para un tráiler romántico, una versión del tema de Morricone para *Érase una vez en América* que será más adelante la música de amor que unirá —a partir de la escena de la cabaña de las niñas— a Graham y Amanda. Es un tema dulce y agradable que contribuye, como Graham, a cambiar a Amanda y a su música. Miles, también, compone un tema para Arthur, el anciano guionista. Lo hace sentado al piano junto a Iris y esa música sonará cuando suba al escenario para recibir el homenaje de sus colegas de profesión.

Hay también canciones ambientales, que coexisten bien con la música original, aunque la escena final, con la reunión de los cuatro celebrando la Navidad, suena «You Send Me», de Aretha Franklin. Ciertamente, la están escuchando y bailando, pero es una secuencia que Zimmer había podido aprovechar para llevar sus músicas a un hermoso punto de destino.

El trío con Nancy Meyers

Esta película fue la segunda de las tres comedias románticas que Zimmer hizo con la directora. Antes habían trabajado en *Cuando menos te lo esperas* (2003) y luego lo harían en *No es tan fácil* (2009). Para la primera creó un tema principal jazzístico con aires de bossanova, parecido al que hizo Alan Silvestri en un filme anterior de Meyers, *¿En qué piensan las mujeres?* (2000), una melodía que varía a lo largo de la historia con clarinete, piano o cuerdas para realzar los momentos más dulces y sentimentales. Respecto a *No es tan fácil*, fue coescrita con el compositor Heitor Pereira y los dos desarrollaron una partitura cercana al swing y la bossanova, con guitarra clásica y acústica e instrumentación de percusión étnica. El tema principal se presenta en la escena inicial, una fiesta donde dos guitarristas y un percusionista con un bongo animan a los invitados, transmitiendo alegría y desenfado, que se mantendrá durante el metraje añadiendo momentos irónicos pero sobre todo muy sentimentales.

EL DESAFÍO FROST CONTRA NIXON

«Música que une a dos diferentes»

(FROST/NIXON)

FECHA: 2008. EE. UU.

Dir.: Ron Howard.

Intérpretes: Frank Langella (Richard Nixon), Michael Sheen (David Frost), Kevin Bacon (Jack Brennan), Rebecca Hall (Caroline Cushing).

Música adicional: Lorne Balfe.

Premios: Globo de Oro (nominación)

ARGUMENTO:

Dramatización de las entrevistas para televisión entre el presentador británico David Frost y el expresidente de Estados Unidos Richard Nixon tiempo después del escándalo Watergate.

LA MÚSICA:

En la tercera colaboración de Zimmer con Ron Howard, tras *Llamaradas* (1991) y *El código Da Vinci* (2006), el compositor optó por escribir música con un conjunto reducido: piano, cuerdas, especialmente en el registro más bajo, instrumentos de viento y pocas intervenciones de los metales. Es música ligera, nada densa, lo que ayuda a aliviar la carga de un filme sustentado en diálogos y con mucha presión dramática, así como para alejarlo de la idea de teatro filmado, pero tiene un componente de tensión en una suerte de tic-tac en un motivo que subraya el nerviosismo que recorre la historia de la película, hecho mediante percusiones de marimba, xilófono, vibráfono y un metrónomo. Howard le pidió al compositor que escribiera la música antes para utilizarla en el rodaje y crear los ambientes adecuados en las escenas. Sobre la música para Nixon, el director le explicó a Zimmer que el expresidente había creado una pieza semiclásica que interpretó en el programa televisivo «The Jack Parr Show», y le sirvió de inspiración para escribir una melodía simple y triste con los mismos tonos sombríos.

Música para impulsar y para profundizar

Una de las grandes virtudes que logra Zimmer es que evita la usual tentación de hacer cercanos y simpáticos personajes que no lo son, aunque contribuye a humanizarlos, a mostrar sus flaquezas. La primera escena marca el tono que prevalecerá en la película y en el grueso de la banda sonora: un piano con aires de misterio da paso a sintetizadores, un violoncelo y la presentación de un motivo musical que luego será frecuentemente empleado en el filme. En lugar de arrancar con una melodía obvia que subraye la trascendencia e importancia dramática de lo que ha de venir a continuación, Zimmer juega con una música que refleja nervios, tensión, inquietud y celeridad, que será exactamente lo que exponga ese motivo musical en sus muchas apariciones, con variaciones y cambios de tono (dinámico y propulsivo en algunas escenas, dramático y reflexivo en otras), pero creando una continuidad que se mantiene sólida desde el principio hasta el final.

En la película hay dos espacios temporales: el presente, con declaraciones a cámara de algunos personajes, y el pasado, donde se relatan los hechos relacionados con la preparación de las entrevistas, la propias entrevistas y sus consecuencias. El filme adquiere así un aire de documental, aunque sólo tangencialmente. Zimmer fusiona presente y pasado sin hacer diferentes músicas sino con las mismas, dando como resultado no sólo tránsitos naturales y fluidos sino también gran solidez y uniformidad.

No hay presente y pasado en las músicas pero Zimmer establece sus propios espacios, que son dos: la música que funciona a nivel externo para la dinámica

argumental y ambiental y aquella que es interna y se inserta en las emociones y pensamientos de los personajes. La primera es mucho más frecuente y abundante, y es donde el motivo musical mencionado que emula el tictac es presentado al principio y campa a sus anchas aportando energía y movimiento tanto físicos —la organización y preparación de las entrevistas— como psicológicos —las tensiones de y entre los dos protagonistas-, erigiéndose como la columna vertebral de toda la banda sonora, con el violoncelo marcando pulsación y tensión. Este motivo también es trasladado al nivel interior, el de las emociones y pensamientos, con variaciones esta vez a piano calmado y reflexivo, que subraya momentos de desolación de Frost y de congoja de Nixon, uniéndose así gracias a la música.

La mayor parte de la música está fuera de las entrevistas, aunque también hay alguna en momentos de éstas. Pero son los silencios musicales, la ausencia de música, la que aporta gran profundidad a los personajes pues de alguna manera abre interrogantes sobre lo que están pensando o sintiendo, como sucede por ejemplo cuando Frost le pregunta sorpresivamente a Nixon por qué no destruyó las cintas y el expresidente responde con unos segundos de silencio, también musical. De todos modos, a medida que avanza el filme y la conexión entre los dos protagonistas es mayor, Zimmer va ocupando más en los espacios emocionales y psicológicos de ambos hasta unirlos musicalmente en el afecto y el respeto mutuo. Un ejercicio de equilibrismo dramático muy bien resuelto.

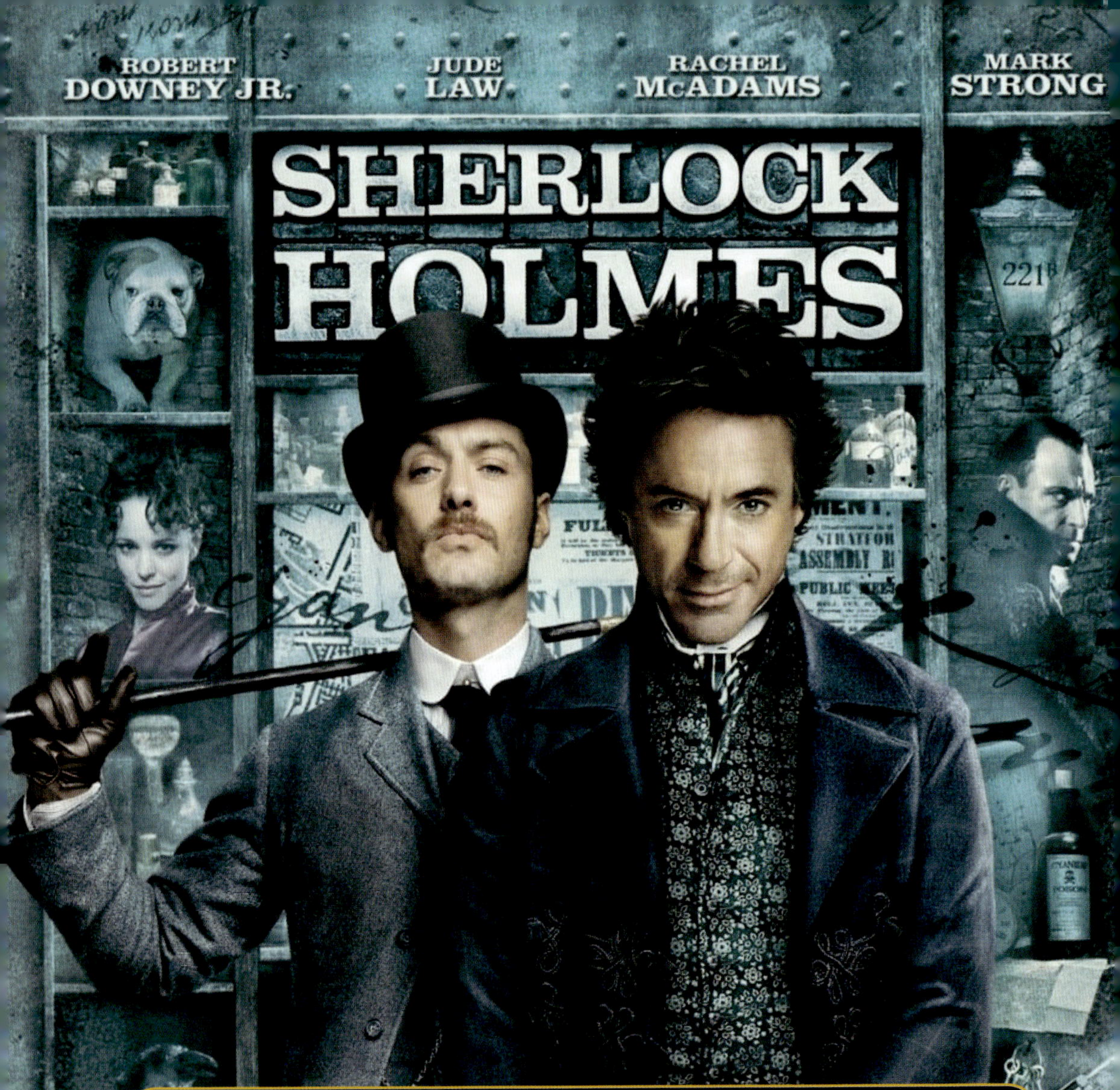

SHERLOCK HOLMES

«Un Holmes musicalmente multicultural»

FECHA: 2009. EE. UU.

Dir.: Guy Ritchie.

Intérpretes: Robert Downey Jr. (Sherlock Holmes), Jude Law (Dr. Watson), Rachel McAdams (Irene Adler), Mark Strong (lord Blackwood).

Música adicional: Lorne Balfe.

Premios: Óscar y Grammy (nominado).

ARGUMENTO:

El detective Sherlock Holmes y su compañero Watson se enzarzan en una batalla de ingenio contra su némesis, lord Blackwood, que prepara un complot que amenaza a toda Inglaterra.

LA MÚSICA:

Para este filme se tomó la decisión de no seguir los clichés tradicionales asociados al detective y a la época victoriana. Zimmer y Ritchie decidieron trabajar sobre una vertiente cómica y desenfadada, aunque con momentos serios —con referencias a Mozart— para que funcionaran por contraste. La idea fue trasladar a la banda sonora lo que debía ser el barullo callejero del Londres de la época, con músicas étnicas, variopintas, algunas bien tocadas y otras no tanto. Zimmer viajó a Eslovaquia y pasó varios días yendo a campamentos gitanos para encontrar instrumentistas. Cuando reunió a los que necesitaba se los llevó a Viena para grabar la música, y allí descubrió que compensaban las deficiencias de los instrumentos baratos con la pasión con la que los interpretaban. Con ello, consiguió la sonoridad buscada.

Aparte del empleo del violín —el instrumento por excelencia de Holmes— hizo uso de un violín eléctrico, un maltrecho piano desafinado, un címbalo deliberadamente grosero e incluso tapas de cubos de basura. También el clavecín húngaro, el *banko*, el acordeón e incluso una gaita, pero entre todos destacó un contrabajo de cuerda expresamente creado por Diego Stocco, llamado Experibass, que puede asumir un rol de percusión gracias a un martillo golpeado sobre las cuerdas. Zimmer explicó su propuesta como la música de la República de Weimar para Sherlock Holmes, a lo Kurt Weill. Fue una opción no comprendida por los ejecutivos del filme, quienes mostraron serias dudas y le comentaron que iba a arruinar la película. Zimmer los convenció para ver la película en un cine lleno de público de la calle, comprometiéndose a cambiar lo que hiciera falta pero después de mostrar la película ante la audiencia. El público reaccionó con entusiasmo y en sus valoraciones escritas se destacó mucho la música: cuando Zimmer se volvió a reunir con los ejecutivos estos le dijeron: «¡No cambies nada!».

Un Holmes zíngaro

Fue efectivamente una opción atrevida: Sherlock Holmes toca el violín, instrumento refinado que podía haber dado lugar a una banda sonora elegante, y es instrumento protagonista, pero el tema principal asociado a él es una animada y nada refinada melodía zíngara que le convierte en un hombre bohemio, del mundo. Unos acordes tocados en un piano más de cantina que de sala de concierto presenta el tema de forma avanzada al principio, durante la aparición del logo, para preparar a la audiencia. Enseguida aparece Holmes en plena acción nocturna, persiguiendo a un delincuente por Londres, el tema suena más amplio y de modo evidente se vincula a él, para no separarse más. En total, tiene una treintena de apariciones ocupando aproximadamente veinte minutos, que puede parecer poco tiempo pero por su dosificación y variedad aparenta sonar mucho más. Tiene distintos colores, que abarcan lo reposado, lo animado, lo divertido o incluso la tensión dramática, suena de modo evidente pero también de forma poco perceptible, y todo ello contribuye a que parezca omnipresente cuando no lo es. Ayuda a mostrar a Holmes en sus múltiples facetas, pero la música va más allá del personaje y funciona también como tema de la ciudad de Londres en los albores de la Revolución industrial y como música para el caso que se investiga, implicando asimismo a Watson.

No es la única música del filme, naturalmente, pues la hay en abundancia y variedad: temas de acción, de suspense, incluso música folclórica irlandesa, todo para mantener el sentido de humor, la multiculturalidad y el eclecticismo y sobre todo lo imprevisible. Dos escenas evidencian lo poco ortodoxa que es esta banda sonora: la pelea con el gigantesco Dredger, el esbirro del malvado Blackwood, dinamizada con un violín y el apoyo de un banjo y un acordeón, pero sin la orquesta tradicional para este tipo de secuencias, y la escena de las explosiones, mostrada ralentizada con un dramático solo de violín, en un contraste absoluto con el resto de la partitura.

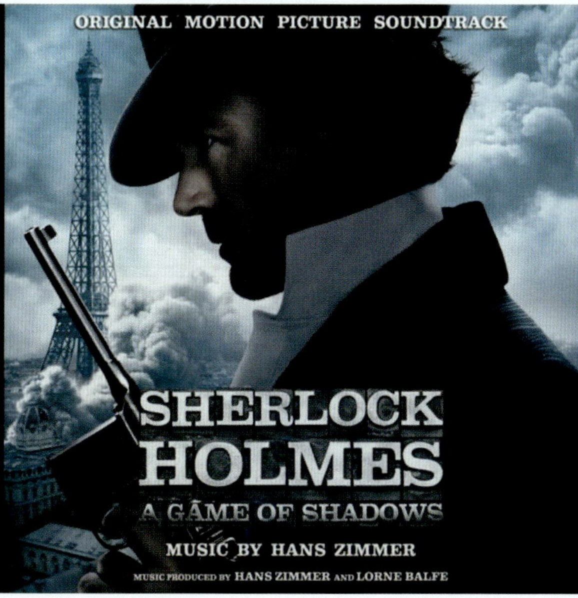

Un segundo Holmes

El éxito dio lugar a una secuela, *Sherlock Holmes: juego de sombras* (2011), nuevamente con Richie en la dirección, Downey Jr. y Law de protagonistas y Zimmer en la música. En esta nueva aventura Holmes y Watson recorren Europa tras las huellas de Moriarty. Aquí el compositor dio un firme paso adelante y sacó buen provecho del tema principal, que moduló y condujo por diferentes direcciones. Singularmente destacable es la intensidad de las músicas que se aplican para el misterio —graves, góticas—, contestadas por la frivolidad de un tema principal que se convierte en un referente mucho más festivo y dinámico que en la anterior entrega. Hay más equilibrio entre el bien y el mal, con un poderoso tema para Moriarty, y más oscuridad, ferocidad y variedad temática, con referencias a la música zíngara (principalmente danzas) y temas preexistentes (de Mozart, Schubert o Ennio Morricone).

Las dos películas conforman una obra musical sólida y evolucionada, que arranca en el primer título jocosa y desenfadada y que concluye, aunque sin perder el horizonte de comedia, de modo más tradicional pero igualmente notable.

ORIGEN

«Viaje musical al fondo de la mente»

(INCEPTION)

FECHA: 2010. EE. UU.

Dir.: Christopher Nolan.

Intérpretes: Leonardo DiCaprio (Dom Cobb), Elliot Page (Ariadne), Tom Hardy (Eames), Ken Watanabe (Saito), Marion Cotillard (Mal Cobb), Cillian Murphy (Robert Fischer), Michael Caine (Miles).

Música adicional: Lorne Balfe.

Premios: Óscar, Globo de Oro, Bafta y Grammy (nominado)

ARGUMENTO:

A un ladrón especializado en el robo de secretos del subconsciente durante el estado de sueño se le ofrece redimirse con un trabajo para recuperar su vida anterior: en vez de robar una idea debe colocar una.

LA MÚSICA:

Por la complejidad del filme y los cinco diferentes niveles espaciales (nivel real y cuatro de sueño) podría parecer que la música iba a ser igualmente enrevesada y compleja, pero precisamente —aunque no siendo en absoluto una banda sonora sencilla— el compositor contribuyó a facilitar el entendimiento argumental y emocional. Es amplia y extensa (unas dos horas), está desprovista de melodías claramente reconocibles, salvo el tema de amor, y está dominada por acordes largos y pesados, orquestales y electrónicos, con arpegios y frases de guitarra eléctrica en bucle, repitiéndose para contribuir a un ritmo constante e imparable. Hay variedad de temas para acciones y para algunos de los personajes. Junto a ellos está la canción preexistente y de uso diegético «Non, je ne regrette rien», cantada por Edith Piaf, que funciona como mecanismo narrativo pues la utilizan los personajes para avisar al soñador de que el sueño está a punto de acabar.

El plan y Edith Piaf

Hay distintos niveles en la música de Zimmer: la hay grande, épica y llamativa y también pequeña, íntima y discreta, aunque hay temas que empiezan siendo pequeños y acaban grandes y otros grandes que terminan difuminados. Es el caso del tema vinculado al plan de Dom Cobb y su equipo: la música, breve y clara, está hecha con base en una guitarra eléctrica que marca una pauta repetitiva y metódica, y se escucha en aquellos momentos que preceden a una acción importante, la preparación de alguna actuación, la planificación y el entrenamiento. Llega a su punto álgido en la ejecución del plan, cuando han dormido a Robert Fischer en el avión, y sigue a lo largo de todo su desarrollo. Es una música que muestra y demuestra mucha seguridad y firmeza, pero en el último nivel (en la escena de la nieve) comienza muy sutilmente a difuminarse, a perder su identidad, lo que transmite la impresión de que no todo está asegurado y el plan de los protagonistas acaba en un casi total descontrol.

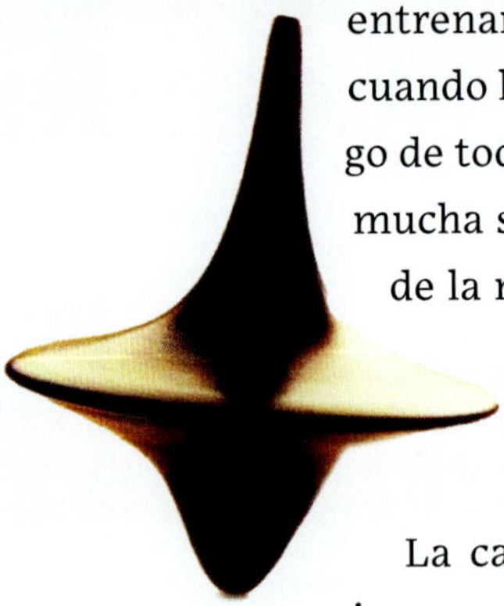

La canción «Non, je ne regrette rien» tiene una importancia que va más allá de ser el aviso que emplean los personajes. Su elección no fue gratuita aunque sí muy sutil: tiene relación con uno de los niveles dramáticos más importantes de la película, el del arrepentimiento: «Non, rien de rien / Non, je ne regrette rien / Ni le bien, qu'on m'a fait / Ni le mal, tout ça m'est bien égal» («No, nada de nada. No me arrepiento de nada. Ni el bien que me han hecho, ni el mal, todo eso me da igual»). La canción contrasta directamente con el estado emocional de Dom Cobb ya que lucha por hacer lo que dice la letra: hacer las paces con el pasado, dejar atrás los remordimientos por el daño que le hizo a su mujer, Mal, e intentar seguir adelante. De todos modos, dado que el tiempo pasa más lento en el sueño que en la realidad y que cada nivel dilata más el tiempo, Zimmer emplea una música que traspasa la canción a un *crescendo* de cuerdas graves que repiten su acorde al mismo ritmo pero en un tempo considerablemente más lento, ralentizando la propia canción. La misma idea es desarrollada para dar forma a una música amplia, tensa y contundente. Su primera aparición, como si fuera un aviso, es al comienzo del filme, con el logo de la productora, y luego suena en diversos momentos hasta desarrollarse plenamente y ser protagonista absoluta en el tramo final de la película, aportando mucha adrenalina y tensión. Sólo existe en los distintos niveles del sueño.

Tristeza y redención

Respecto a la música de los personajes son tres los que la tienen y comparten sus aires melancólicos y de tristeza: Saito, Robert Fischer y Dom Cobb, éste con más de un tema.

Saito es quien pone en marcha la acción de la película. En el *flashforward* del principio (que es en realidad el final del filme) suena una música atmosférica simple y solemne, como lo es la promesa que le hizo a Cobb y que quiere cumplir: que puede conseguir que vuelva a casa y a sus hijos. Su música suena cuando hace esa promesa y cuando estando herido de gravedad en el primer nivel de sueño dice que hará honor a su palabra. Finalmente, en la continuación de la conversación inicial al final del filme, donde cumple su promesa. Robert Fischer, por su parte, cuenta con el único tema no vinculado con Cobb. Se centra en la relación con su padre y muestra sutilmente su tormento interno, su inseguridad personal y su dolor por haber decepcionado a su progenitor. Su música saca a relucir su parte más íntima y vulnerable, pero es llevada a una resolución abierta y emocional en la escena de la muerte del padre.

Dom Cobb vive atormentado. Un breve motivo referencia su recuerdo a sus hijos, evoca tristeza y también una lejanía casi fantasmagórica. Igualmente evoca a su esposa, Mal, lo que se representa con un tema cargado de nostalgia por un tiempo compartido que ya no volverá a disfrutar. Este tema aparece varias veces con variaciones, algunas melancólicas y otras misteriosas, incluso alguna muy perturbadora, cuando intenta sin conseguirlo evitar el suicidio de su amada. Pero la más importante es cuando le explica a Ariadne lo que vivió junto a su mujer, el momento más triste.

Este tema coexiste con el tercer gran eje musical vinculado a Cobb. Se trata del tema del tótem, la peonza, que es el principal de la banda sonora de Zimmer. Es un tema que simboliza su culpa. Se presenta al arrancar el filme en estado germinal —apenas cuatro notas— y en su siguiente aparición referencia a la peonza que se usa para saber si uno se encuentra en un sueño o en la realidad, pero enseguida se vincula a Cobb, en cuanto se sepa que el tótem era de Mal antes de que muriera, algo de lo que él fue —y se siente— responsable. El tema va tomando cuerpo y forma, ocupando progresivamente lugares cada vez más importantes y destacados que el de la nostalgia de Cobb por Mal, prevaleciendo así el sentimiento de culpa.

A la vez que arrastra el sentimiento de culpa el mundo que construyó con Mal se derrumba: es el lugar que ella acabó confundiendo con la realidad y del que tuvieron que despertar. Por ello todo lo que representa el tema parece estar a punto de desmoronarse. Cuando le explica a Mal lo que hizo aparece en su forma más simple, y cuando Mal le recuerda su promesa de hacerse mayores juntos y él le responde que ya se hicieron mayores juntos durante los cincuenta años atrapados en el limbo el significado del tema vuelve a cambiar, se vuelve una música cargada de dolor pero también de amor.

Cuando Saito cumple su promesa y Cobb regresa el tema del tótem reaparece y crece exponencialmente convirtiéndose en un nuevo tema, completamente liberado y majestuoso, con un *crescendo* épico que le lleva de regreso a casa para estar con sus hijos, ya sanado y redimido, habiendo dejado atrás su culpa y motivado para comenzar una nueva vida. Ya no es la música de una peonza, ni la de un recuerdo. Es la música de la esperanza por un futuro mucho mejor.

12 AÑOS DE ESCLAVITUD

«El lamento y el tributo de Zimmer»

(12 YEARS A SLAVE)

FECHA: 2013. EE. UU.

Dir.: Steve McQueen.

Intérpretes: Chiwetel Ejiofor (Solomon Northup)
Michael Fassbender (Edwin Epps)
Benedict Cumberbatch (William Ford)
Lupita Nyong'o (Patsey), Brad Pitt (Samuel Bass).

Música adicional: Nicholas Britell
Benjamin Wallfisch.

Premios: Globo de Oro y Bafta (nominación).

ARGUMENTO:

Adaptación del libro homónimo de Solomon Northup, basado en hechos reales sucedidos en los Estados Unidos del siglo xix, sobre el calvario de un músico que vivía siendo libre en Nueva York pero que fue secuestrado para ser vendido como esclavo en una plantación de Luisiana.

LA MÚSICA:

Cuando el director le propuso a Zimmer escribir la banda sonora, el compositor fue reacio pues, como confesaría, no se sentía seguro ni pensaba que fuera el adecuado. Finalmente se le convenció y aceptó intervenir en una película en la que ya había música ambiental que no era suya, tanto clásica de Schubert, temas tradicionales de la época («The Devil's Dream», «Miller's Reel») como espirituales negros creados por Nicholas Britell, como «My Lord, Sunshine» la canción que abre la película fusionándose con el tema principal de Zimmer. El personaje de Solomon Northup es un violinista talentoso y fue Tim Fain quien tocó la música que interpreta con el instrumento. En general, hay elementos de música de iglesia, ritmos africanos o protoblues.

Música para un compromiso

Si la música clásica y la aportación de Britell funcionan diegética y orgánicamente, la de Zimmer es dramatúrgica y abstracta: no existe para recrear el relato ni para explicarlo sino para abstraerlo y trascenderlo. Zimmer asumió un compromiso y un posicionamiento en forma de declaración de principios a favor de las víctimas de la esclavitud, representadas por Northup. Naturalmente no fue sólo la voz del compositor, sino la del director expresada a través de la música, que comienza siendo para el personaje pero de un modo cuidado se eleva a un nivel superior, convirtiéndose en un lamento amargo e indignado por la depravada y aberrante esclavitud que martirizó a generaciones enteras, condenándolas a vidas de brutal sufrimiento y humillación.

La película arranca con un *flashforward*, una escena que acontece posteriormente al inicio de los hechos: los esclavos trabajando y los esclavistas observando. Se presenta el tema musical de Hans Zimmer, música aquí en plano general abarcando a Solomon, a los demás esclavos y también a los blancos, para centrarse nuevamente en Solomon cuando se le ve intentando escribir una carta. Llena de tristeza el ambiente y funciona como avance pues su punto de partida argumental es cuando Solomon, recién secuestrado, recibe una brutal paliza. Es un arranque nada sofisticado que expresa algo también sencillo de entender: sufrimiento y desesperación.

Aunque el tema suena siempre con él presente, también abarca a otros personajes en su misma situación, y la música se posiciona desde su mirada hacia ellos y ellas, sumando al sufrimiento y desesperación una idea de completa destrucción (emocional, personal, de identidad...). Cuando Solomon recuerda a su familia, en un *flashback*, la música es profundamente triste, como lo es también cuando una esclava le explica en el encierro su desdichada vivencia siendo la favorita de su amo y cayendo en desgracia a su muerte. Con ella, la música aquí es compartida y ya no es sólo de Solomon. Pero el tema tiene más dinámicas, como la tensión que suma al intento nocturno y clandestino de Solomon de escribir una carta pidiendo ayuda para su rescate y la desolación al tener que destruirla. En la brutal tortura que Epps le obliga a iinfligir a Patsey, azotándola hasta destrozarla, la música es la de su desolación, aunque por no poder hacerlo es el propio Epps quien la azota, pero también la del espantoso sufrimiento de la mujer.

Cuando Solomon es por fin rescatado, la música no expresa alegría ni alivio: nada ha cambiado en el dolor y la desolación, y ese mismo dolor y desolación es lo que expresa la música al final, cuando él vuelve por fin con su familia tras doce años de esclavitud: es nuevamente libre, pero cientos de miles de personas no lo serán jamás y la música es de y para ellos y ellas.

Este tema musical de Hans Zimmer es extraordinariamente sencillo y tiene algo de poético: de algún modo es la unión en uno de dos temas previos del compositor, de títulos muy significativos: «Time» (tiempo), de la película *Origen* (2010), que son los doce años de esclavitud de Solomon y también los siglos de esclavitud de los africanos en Estados Unidos. Y «Home» (hogar), de *El llanero solitario* (2013), la tierra y la familia perdida y tan anhelada por todos. Por esta razón esta música va más allá de un solo individuo y se universaliza, elevándose a un rango de trascendencia y de compromiso, porque con ella el director y el compositor lamentan (y también tributan) a quienes padecieron tamaña injusticia y crueldad.

Las viudas de Steve McQueen

Viudas (2018) ha sido la siguiente película del director con Zimmer. Aquí hizo uso puntual de la música —hay además varias canciones ambientales— para explicar la historia de cuatro viudas de delincuentes que se unen para forjar su futuro en sus propios términos, planeando un gran atraco. Hay un tema musical dramático para la protagonista, melancólico, que se reitera en diversas escenas, pero el grueso de la música está especialmente para dar énfasis a las acciones y dotar de ritmo el filme. La electrónica aporta cierto contrapunto de sofisticación y lo instrumentos de cuerda golpeados o punteados de maneras poco convencionales es un contrapunto extravagante.

RUSH

«Zimmer en la competición y en la emoción»

FECHA: 2013. Reino Unido.

Dir.: Ron Howard.

Intérpretes: Chris Hemsworth (James Hunt), Daniel Brühl (Niki Lauda), Olivia Wilde (Suzy Miller).

Música adicional: Lorne Balfe, Jasha Klebe, Bryce Jacobs, Michael Brook.

ARGUMENTO:

La rivalidad que mantuvieron en 1976 dos grandes pilotos de Fórmula 1, el británico James Hunt y el austriaco Niki Lauda, sobre todo durante la temporada en la que este sufrió un grave accidente que casi le costó la vida.

LA MÚSICA:

En esta película son importantes las acciones —las vibrantes carreras automovilísticas— pero no lo son menos las emociones, tanto las que genera la competición como las que surgen de los personajes. El montaje y especialmente los efectos sonoros son de mucha relevancia, como lo es también la banda sonora. Hay música original y canciones de rock preexistentes: «I Hear You Knocking» (Dave Edmunds), «Gimme Some Lovin» (Steve Winwood) o «Fame» (David Bowie), entre otras, con fines ambientales. En lo que se refiere a la música instrumental, se trata sustancialmente de una banda sonora de rock hecha con pequeña orquesta de cuerdas y metales y amplia sección de percusión, con solos de guitarras eléctricas y acústicas (tocadas por Bryce Jacobs y Michael Brooks), un destacado violoncelo (Martin Tillman) y sintetizadores.

Una carrera musical para la acción y la emoción

Uno de los objetivos de la música en este filme es el inmersivo: hacer sentir a la audiencia que forma parte de la experiencia, que está presente en las carreras, tan cerca de los automóviles como la cámara. Pero otro, tan importante, es acercar a la audiencia las emociones y motivaciones de los personajes principales. Ambas misiones se cumplen con eficiencia: la música es un festín vibrante e intenso que va a dos velocidades distintas: en primer lugar, las músicas para dar énfasis a las carreras son de gran intensidad y aportan frenesí y dinamismo. Son temas poderosos y muy enérgicos, pegados a las acciones y combinados estupendamente con los efectos sonoros, formando un todo vibrante que muestra las sensaciones de riesgo, de peligro y sobre todo de lo épico. Forman parte del gran espectáculo y ocupan una parte muy importante de la película.

Hay también músicas dramáticas y sentimentales para las emociones de los personajes, pero sobre todas se distingue —y acaba ganado la carrera musical en la banda sonora— el tema principal, bellísima melodía que empieza en los mínimos, a escasa velocidad, y acaba llegando (y llevando a la audiencia y personajes) a los máximos y a una velocidad espectacularmente emotiva. En el total de la película se presencia durante algo menos de treinta minutos, tiempo considerable teniendo en cuenta las dos horas del filme. Pero sin embargo en la mayor parte de su recorrido es casi imperceptible, está en segundo plano hasta que por fin se pone en primera línea y explosiona en la secuencia más intensa y emotiva, la carrera final. Comienza su trayecto al principio del filme, con la presentación en *off* que hace de sí mismo Niki Lauda y en ésta y las siguientes apariciones se vincula a él, como si fuera la música de ese personaje. Pero hábil y sutilmente se acaba ampliando a Hunt y sobre todo al propio deporte, la pasión por el cual tanto une a ambos. Esa pasión será exactamente lo que represente la música, aportando un tono épico a la vez que hermoso, lo que es mantenido y ampliado en el resto del filme, sonando brevemente pero eufórico en secuencias como el comienzo de la carrera en España, por ejemplo. Pero en otros momentos su presencia es dramática, para la tensión emocional de los personajes (la discusión de Hunt con Suzy, por ejemplo) o para enfatizar las dificultades o sobre todo la tragedia, como el terrible accidente que sufre Lauda. Todas sus apariciones permiten que el tema vaya asentán-

dose en el filme, ocupando una buena posición emocional en la audiencia —hay otros temas para las emociones de los personajes, pero ninguno es como éste— y finalmente eclosione en la larga carrera en Japón, donde Hans Zimmer se erige como el absoluto ganador en esa competición gracias a una de las músicas más intensas y radiantes de su carrera.

Una relación difícil

Tras esta película e *Inferno* (2016), director y compositor se volvieron a encontrar en *Hillbilly, una elegía rural* (2020), drama sobre la difícil relación de un joven con su problemática madre. La música fue coescrita por David Fleming (en su primer trabajo importante como compositor de cine) porque Zimmer enfermó de Covid-19. Aun así, Zimmer escribió parte del material y programó los sintetizadores. Fleming desarrolló su material y aportó uno propio. Aunque hay country/folk por la ubicación en los Apalaches, el estilo es más universal. La partitura está interpretada por guitarras acústicas, eléctricas y *slide* (ésta, de Derek Trucks), el violoncelo de Tina Guo, percusiones y cuerdas, un piano, un banjo, y un *dobro*. Es una banda sonora intimista y sobria en sus formas pero de gran calado dramático en su fondo, que muestra la dualidad y contradicción de la historia y de sus personajes, tanto en el plano individual como en las relaciones que mantienen entre sí: amor y odio, ánimo y desánimo, romanticismo y soledad... todo ello representado por dos temas opuestos pero complementarios, que van apareciendo a lo largo del filme creciendo y haciendo evolucionar a los personajes.

Eden (2024) es el próximo proyecto que los une. La relación profesional de Ron Howard y Hans Zimmer parece pues que será sólida y duradera.

INTERSTELLAR

«Viaje musical hacia el reencuentro y la salvación»

FECHA: 2014. EE. UU.

Dir.: Christopher Nolan.

Intérpretes: Matthew McConaughey (Joseph Cooper), Anne Hathaway (Amelia Brand), Jessica Chastain (Murphy Cooper), Ellen Burstyn (Murphy Cooper anciana), Casey Affleck (Tom Cooper), Michael Caine (John Brand), Matt Damon (Hugh Mann).

Música adicional: James Carlson.

Premios: Óscar, Globo de Oro, Bafta y Grammy (nominado).

ARGUMENTO:

Al saberse que la vida en la Tierra está llegando a su fin, un grupo de exploradores se embarca en la misión más importante de la historia de la humanidad: la búsqueda de algún planeta donde poder albergar a la raza humana.

LA MÚSICA:

Zimmer comentó que para preparar la música Nolan no le dijo lo que era ni lo que quería, tan solo le dio una hoja donde mencionaba la relación de un padre con su hija. El compositor pensó en su propio hijo y de ahí partió una melodía sencilla y elemental. Luego el director le hizo saber que la película era espacial, con el universo como escenario y, a partir de eso, Zimmer trabajó con una formación orquestal relativamente pequeña: cuerdas, maderas, coro e interpretaciones solistas de piano, violín, arpa, guitarra y, sobre todo, órgano, que por su tono ceremonial y religioso representa la identidad de la música y de la película. El órgano (tocado por Roger Sawyer) se encuentra respaldado además por una simulación musical que reproduce la obsesión por el tiempo, con formas circulares y minimalistas, así como sonoridades arcaicas y primitivas.

El viaje musical al corazón de la historia

La banda sonora tiene varios temas narrativos. Como ya sucedió con *Origen* (2010), ésta es una partitura de estructura sencilla que permite aclaraciones y resoluciones complejas. La sencillez como punto de partida permite expandir exponencialmente una melodía, hacerla crecer hasta llevarla a sus máximos, que es exactamente lo que sucede con el tema principal de la banda sonora, el tema de la familia. Arranca con escasas notas que forman primero la música que representa la unión para luego convertirse en la de la necesidad de reunión: comienza con Cooper hablando con Murph niña, apoyados ambos en el vehículo en pleno campo y enseguida se amplía, ya como tema completo y eufórico, abarcando también a Tom, su hijo, mientras persiguen a la carrera a un dron. Más adelante se escucha dramatizado cuando Cooper —en el espacio— mira entre lágrimas un mensaje en vídeo de Tom, aunque dado que el vínculo más relevante es el que mantiene con su hija es lógico que sea con ambos como más se ocupe esta música, como sucede en varias secuencias. Pero aunque sea un tema compartido entre los hermanos y su padre, Zimmer establece diferencias en los tonos: melancólico para el hijo y solemne para la hija. Tiene una clara función narrativa: con el hijo es la despedida definitiva del padre y la renuncia a mantenerlo con vida en la memoria, pero con Murphy, sin embargo, marca el comienzo de una esperanza, la de un nuevo contacto. Finalmente, cuando Cooper y Murph se reencuentran (él sigue siendo joven y ella una anciana a punto de morir) comparten nuevamente el tema, pero ella le dice que ya ha vivido y formado una familia, y ahora él ha de hacer lo mismo: vivir y formar una nueva familia. Lo hará con Amelia, su compañera en la misión, que se quedó en el planeta Edmunds para fundar una colonia humana y adonde Cooper viajará. Pero antes que llegue el tema musical ya está con ella: es, efectivamente, el tema de la reunión y el de la que será una nueva familia.

Cooper tiene una misión, que se referencia con un tema musical con aires de trascendencia que arranca con unas breves notas sobre el título de la película y sobre el cohete de juguete que hay en una estantería. Luego reaparece cuando el protagonista se despide de su hija antes de marchar a su misión. Se trata de un momento altamente dramático porque en lugar de sonar el tema principal, que los une, suena el que los separa, el de la misión, en modo atronador que enfatiza la angustia y el dolor en ambos, pero especialmente en él. Vuelve a sonar en la secuencia de la ignición y cuando los héroes, en un último intento por cumplir la misión y alcanzar el tercer planeta, se dirigen al agujero negro para conseguir impulso. Finalmente cuando la misión ha sido cumplida el tema hace mutis pues personaje y música han llegado a su destino.

Hay un tercer tema para Cooper, en su faceta de piloto. No es heroico sino de sus acciones y consecuencias. Llega a sus máximos cuando descifra las coordenadas y aparece en bastantes momentos: cuando se está asfixiando (en versión muy dramática), cuando acopla las naves en movimiento (épico), cuando pierde la esperanza o cuando sus hijos le mencionan y recuerdan (también dramático). Junto a estos tres temas hay otros que, aunque de menor relevancia, son de gran utilidad, como el que hace referencia a la gravedad, el de la ruta que sigue la nave, o el tema tan apocalíptico que multiplica el dramatismo de la traición de Mann, donde el órgano toma el control absoluto. También hay un tema para el engaño del profesor Brand, con coros y tonos oscuros que amenazan con el fracaso de la misión, y finalmente otro para las tormentas de polvo, asfixiante. Junto a todos ellos, variedad de músicas arcaicas, primitivas y atonales que mezclan el sintetizador con el frenesí del órgano.

Todo lo expuesto resumidamente eleva la música de Zimmer a un nivel dramático y de significación que en cierta manera une Ciencia con religión —Zimmer ya lo hizo puntualmente en *Ángeles y demonios* (2009)— con el amor como eje principal. Una banda sonora de poco más de dos horas protagonizadas por el órgano y que aportan un tono luminoso y esperanzador, que protege e impulsa al protagonista en un viaje musical hacia el reencuentro y la salvación.

ZIMMER EN EL MUNDO DEL CÓMIC

La amplia galería de personajes surgidos de los cómics de Marvel, de DC o de otras editoriales han protagonizado incontables películas, series televisivas, videojuegos, etc. Son muchos los compositores que han creado bandas sonoras para esos superhéroes: como Danny Elfman, Alan Silvestri o John Williams entre otros. Zimmer, en particular, se ha encargado de ilustrar musicalmente a Batman, Spider-Man, Superman o al mismísimo llanero solitario.

Zimmer en Gotham City

De la mano de Christopher Nolan y Batman, Zimmer entró en el mundo del cómic con *Batman Begins* (2005), quinta entrega de la serie contemporánea de películas de Batman. Las dos primeras, de Tim Burton, llevaron música de Danny Elfman, y la tercera y cuarta, de Joel Schumacher, tuvieron a Elliot Goldenthal al frente de la banda sonora. Este nuevo filme abrió una trilogía dirigida por Nolan que reinventó el personaje para la era moderna, con más profundidad y perspectiva más oscura. También hubo cambios en lo musical, con fusiones de electrónica y sinfónica de corte clásico. Las bandas sonoras de ésta y la siguiente, *El caballero oscuro* (2008), fueron hechas con Zimmer y James Newton Howard, en tanto que *El caballero oscuro: la leyenda renace* (2012), sólo con Zimmer.

La música de *Batman Begins* fue innovadora: no se trataba sólo de mostrar su poder, sino de explicar su interior, sus miedos, en contextos violentos y oscuros, lo que se logró gracias a la electrónica y sonidos ambientales sintetizados. Aun así, aquí tuvo más peso la parte dramática que la ambiental, la de acción y la de los villanos, al contrario que lo que sucedería en la siguiente entrega. Hay abundante música para lo relacionado con Bruce Wayne, alguna muy bella como la interpretada con angelical voz infantil que referencia el asesinato de sus padres siendo él niño. Para Batman se utilizó un motivo de dos notas que refleja su carácter misterioso y nocturno y con ellas se crea más expectación por saber hacia dónde lleva la música al personaje. Resultó más

idóneo que el habitual tema de héroe, muy obvio: «Intentaba escribir sobre un personaje ligeramente dañado psicológicamente», explicó Zimmer.

En *El caballero oscuro* se siguió ampliando los horizontes de oscuridad y dramatismo, pero con una incorporación de máxima importancia, Joker, lo que desequilibró la balanza —deliberada y afortunadamente— hacia el lado de lo tenebroso. Joker es un personaje al que Zimmer definió como «el único totalmente sincero», pues los demás o no lo eran o se escondían bajo apariencias, como el propio Batman. La tentación de escribir un tema ampuloso, de maldad, dañaría al personaje, y entonces hizo lo contrario: creó una música que se asemeja al temible zumbido de un mosquito que penetra en el cerebro generando una enorme inquietud. Son dos inquietantes notas únicas de *glissando* con violoncelo eléctrico que generan un sonido muy tranquilo de tensión creciente que permitió hacer aún más intensa la actuación de Heath Ledger. Es uno de los primeros elementos audibles en la película, concretamente en la secuencia inicial que presenta el robo al banco por parte de los criminales enviados por el Joker, todos con el rostro cubierto. El zoom de un rascacielos de Gotham va acompañado del *glissando* mezclado con guitarra eléctrica, un tictac de cuerdas repetidas y sintetizador. El plano siguiente muestra a un ladrón de espaldas y el acercamiento a la máscara coincide con el *crescendo* de la partitura. Aquí el *glissando* es el identificador sonoro del antagonista de Batman, presente pero aún no visible pues está enmascarado. Sin embargo, Nolan decide deliberadamente no incriminarlo, sembrando dudas y aumentando la curiosidad y la tensión. Después de robar el banco y matar a todos sus compañeros, el único criminal que queda descubre su rostro y responde: es el Joker. Solo aquí se ofrece un primer plano del Joker acompañado en sincronía por el *glissando*. Música y personaje serán ya inseparables.

Su presencia junto al personaje hace que resulte incómodo, agobiante y agotador, un efecto psicológico que el público no atribuye a la música sino al Joker, portador de lo desagradable, y lo intensifica en su naturaleza esquizofrénica, psicótica y depravada. Los únicos momentos de respiro son con la música de Batman y con el tema dramático de Harvey Dent. Para éste, al que se le da protagonismo musical, James Newton Howard se inspiró en la tragedia del personaje, lleno de buenos principios que se transforman en ira y venganza tras el accidente que desfigura su rostro. En lo demás, Howard se encargó de las partes más luminosas y elegantes mientras Zimmer de las escenas nocturnas, con sonoridades e instrumentación diferentes. Una secuencia muy interesante por lo poco ortodoxa es la del ferri (una bomba va a explotar mientras Batman y Joker pelean): por su esencia era esperable una música de acción, pero Zimmer, sin embargo, la ralentizó con música lenta, que quitaba adrenalina pero añadía mucha tensión.

Finalmente, en *El caballero oscuro: la leyenda renace* se sigue el mismo estilo y tono, reiterando el motivo de dos notas de Batman, así como varios de los motivos conocidos. La aportación principal es el tema de Bane, el supervillano a quien aplica un cántico de coro mixto acompañado de percusión y que por ello adquiere connotaciones primitivas y tribales. Entona las palabras *deshi basara* (cuya traducción del árabe marroquí original es «él se levanta»), que se creó en base a muchas voces diferentes grabadas por los fans del compositor. A diferencia de la oscuridad de Joker, ésta es una música épica. Otro tema nuevo es el de Selina Kyle, con piano misterioso y juguetón que se acompaña del sonido de una cadena metálica. En lo demás es una creación que cierra sólidamente la trilogía, de gran intensidad musical, fortaleza, y desolador dramatismo.

Vuelos con Superman

El recuerdo imborrable de la banda sonora de John Williams para *Superman* (1978) ha anulado como la kryptonita el intento de cualquier compositor de llegar a similar altura de vuelo con las distintas películas con el superhéroe. Zimmer, al menos, no lo intentó en *El hombre de acero* (2013), filme de Zack Snyder en el que ni buscó ni pretendió un acercamiento a esa música tan emblemática, aunque en cierto aspecto son comparables: el tema de Superman de Williams es enfático y externo, muy llamativo y dispuesto para implicar a la audiencia, mientras que el de Zimmer es todo lo contrario, un motivo ascendente de dos notas que es dramático y funciona a un nivel interno, revelando la pulsión y presión que existe en Clark Kent, como un volcán a punto de erupción. No es hasta que decide usar abiertamente sus poderes cuando esa música latente se abre y expande, pero siempre mostrando lo que hay en él, su tensión y su resignación más que la aceptación de ser un superhéroe. La música de Zimmer es más dramática y da una perspectiva más profunda, e incluso trágica, que la de Williams, completamente diferente. El compositor

eliminó los instrumentos de metal que tanto significaron en el heroico tema principal de Williams, empleó el piano como instrumento solista acompañado por percusiones y utilizó guitarras de acero de ocho pedales. En una escala de menor relevancia con respecto al tema de Superman está el del general Zod y sus seguidores, música marcial y grave. En lo demás, la banda sonora es extensa y diversa, con momentos muy llamativos y enfáticos, y con un tono general sombrío.

Zimmer se unió a Superman y Batman en *Batman v. Superman: el amanecer de la justicia* (2016), nuevamente bajo la dirección de Zack Snyder y en esta ocasión con la cooperación de Junkie XL, que había aportado música adicional en *El hombre de acero*. Con grandiosa producción musical, éste es un choque violento de trenes, el de los dos héroes, que incluyó parte de lo aplicado en *El hombre de acero* y se dispuso en una mezcolanza de apariencia anárquica, contundente y apocalíptica, tono ultramoderno, industrial y con una suerte de revisión del refinamiento de Mozart, que da un cuidado punto místico y trascendente al conflicto. No es una banda sonora hecha al modo ortodoxo y clásico, aunque sí tiene elementos explicativos. Funciona más en base a los impactos y sensaciones dirigidas a generar turbación, desconcierto y especialmente a engrandecer los escenarios físicos y emocionales. Los personajes se unen pero la música no lo hace nunca y permanece en la indefinición. La música de Superman es la del filme anterior y Batman cuenta con dos motivos: uno de tres notas que refuerza el carácter oscuro, nocturno y solitario de Bruce Wayne, y otro de cinco que es aún más oscuro y violento, si bien ambos sirven en realidad para unificar a Batman con Bruce Wayne, compartiendo la misma estructura y variando sólo entre la violenta contundencia y sensación de victoria de Batman y la solemnidad y soledad de Wayne. Los temas nuevos más destacados son los de Wonder Woman y Lex Luthor. La música de la primera aporta un toque exótico, con referencias étnicas para su *alter ego*, Diana Prince. A Lex Luthor se le aplica una música que recuerda a la clásica y a la barroca, con cierto refinamiento, para reforzar sus cualidades intelectuales pero que es vagamente cómica.

Del llanero solitario a la mujer maravilla

Proveniente de una serie de radioteatro primero y luego de un cómic publicado por NOW Comics, las aventuras del ranger de Texas John Reid fueron llevadas varias veces al cine. En la versión *El llanero solitario* (2013), dirigida por Gore Verbinski y con música de Zimmer, el protagonismo absoluto recae en el indio Tonto (Johnny Depp) mientras que el personaje de Reid es secundario. El compositor invita a participar en un gran festín donde la música se dispone al servicio del espectáculo, tanto para enfatizar la acción y los escenarios como para dotar al filme de un tono bufonesco, ligero y desenfadado, que combina con momentos dramáticos. Aun así, no es una partitura paródica, como sí lo fue la del wéstern animado *Rango* (2011), con el mismo director. A diferencia de éste, la partitura describe un drama subyacente y se desarrolla según los cánones del género, con vínculos con el estilo de Morricone, con piezas preexistentes como el famoso final de la «Obertura» de *Guillermo Tell*, de Rossini, justificado por ser la música empleada en el serial radiofónico y la serie televisiva. Escrita para orquesta sinfónica, con violines, guitarras, armónicas, un arpa judía, pianos *ragtime* y abundante presencia en la película, supuso lo más notable y distinguido de un filme que de todos modos recibió malas críticas.

Con *The Amazing Spider-Man 2: el poder de Electro* (2014), continuación de la película de 2012 que tuvo música de James Horner, Zimmer se erigió como el primer compositor en poner música al triunvirato de los superhéroes más emblemáticos: Superman, Batman y Spider-Man. Para esta nueva aventura del hombre arácnido eligió una senda revolucionaria, no exenta de riesgos: ésta es una banda sonora que es más de destrucción que de construcción, que pulveriza los códigos usuales en este tipo de filmes pero que mantiene en pie parte de las estructuras temáticas tradicionales y se aventura a experimentar con cambios arquitectónicos narrativos, que se sustancian en una creación visceral, radical, que funciona casi a modo de ópera rock en la que la música evita el acomodo y deriva por territorios imprevisibles. Entre los elementos tradicionales que mantiene están, por supuesto, el tema del protagonista (heroico, enfático), al que le da un cierto toque retro para poder contrastarlo con su contratema, también algo retro: el formidable tema de Electro, muy poderoso, que es de apariencia frívolo y ligero pero macabro y siniestro en su fondo, una dualidad que el compositor aprovecha muy bien en el conjunto de su creación. Ambos temas dominan claramente los espacios, junto a otros de menor relevancia, y combaten en un territorio plagado de músicas circunstanciales (dramáticas y ambientales, etéreas) que buscan y logran generar cierto desconcierto y un deliberado desorden.

Menos interesante fue lo que hizo en *X-Men: Fénix Oscura* (2019), banda sonora grandilocuente que es más de exhibición —su producción musical es fabulosa— pero de poca explicación, que arranca con apariencia de pretender significarse en relación con los tormentos y conflictos internos de la protagonista (explicitados con voces) pero que acaba en una mera demostración de poderío industrial, con momentos atropellados y saturados, perdiendo en el camino los matices dramáticos que intentaba plasmar al inicio. Finalmente, y en la que hasta ahora es su última incursión en el mundo del cómic llevado al cine, con *Wonder Woman 1984* (2020) Zimmer recuperó la fuerza y el vigor con un festín pirotécnico musical intenso, enérgico y ambicioso, también emocionante y optimista. La cultura de Themyscira es mostrada musicalmente con un tema colorido, con voces femeninas, y el tema principal, para Diana, es alegre y heroico, reforzado por el grito de guerra de Wonder Woman. También tienen temas Maxwell Lord (con aires siniestros), la piedra de los sueños (místico), Cheetah (frenético) y hay un bello tema de amor para Diana y Steve, con aires morriconianos. Junto a ellos temas para la acción y la aventura que expanden diversión, entretenimiento y compromiso cumplido con el cómic original.

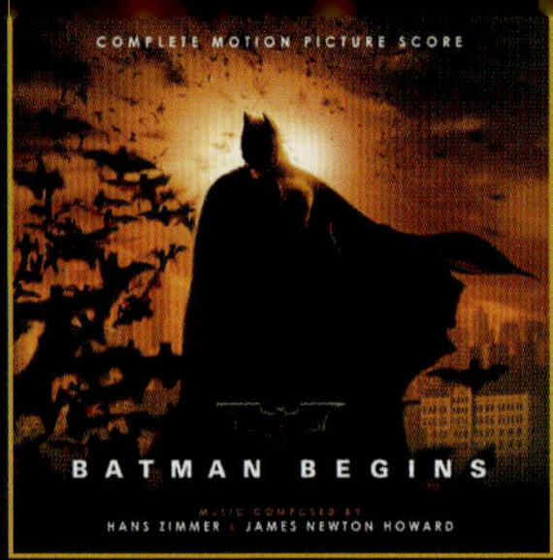
COMPLETE MOTION PICTURE SCORE
BATMAN BEGINS
HANS ZIMMER & JAMES NEWTON HOWARD

THE DARK KNIGHT

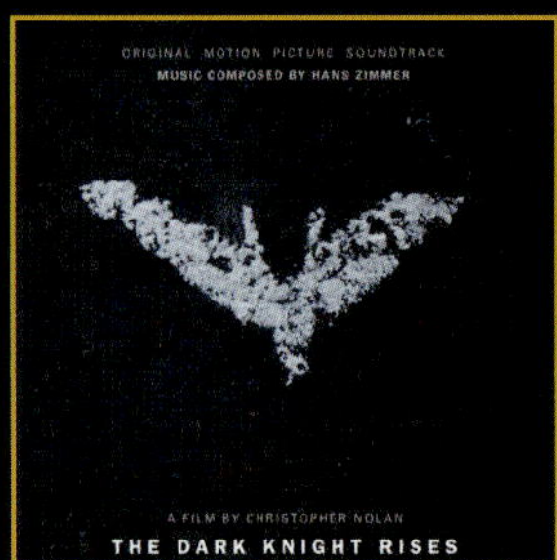
ORIGINAL MOTION PICTURE SOUNDTRACK
MUSIC COMPOSED BY HANS ZIMMER
A FILM BY CHRISTOPHER NOLAN
THE DARK KNIGHT RISES

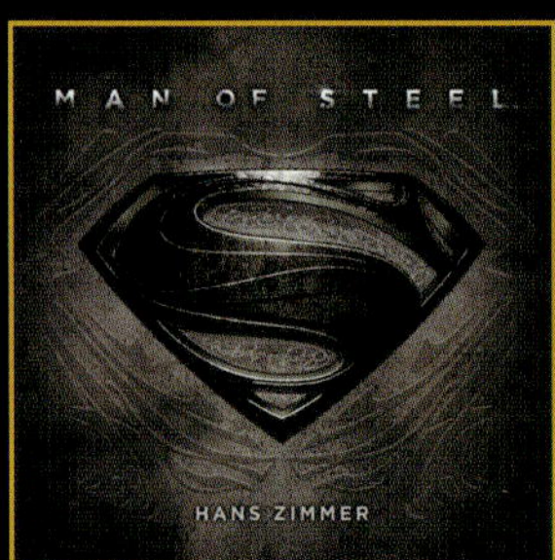
MAN OF STEEL
HANS ZIMMER

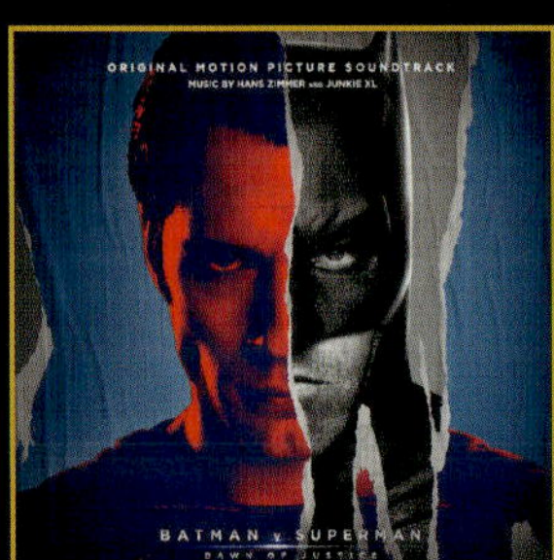
ORIGINAL MOTION PICTURE SOUNDTRACK
BATMAN v SUPERMAN

THE
LONE
RANGER
SCORE COMPOSED AND PRODUCED BY
HANS ZIMMER

THE AMAZING
SPIDER-MAN 2
HANS ZIMMER AND
THE MAGNIFICENT SIX
FEATURING PHARRELL WILLIAMS AND JOHNNY MARR

ORIGINAL MOTION PICTURE SOUNDTRACK
X-MEN
DARK PHOENIX

WW
84

CHAPPIE

«Música que humaniza un robot»

FECHA: 2015. EE. UU.

Dir.: Neill Blomkamp.

Intérpretes: Sharlto Copley (voz Chappie), Dev Patel (Deon), Watkin Tudor Jones (Ninja), Sigourney Weaver (Michelle Bradley), Hugh Jackman (Vincent).

Música adicional: MJD, Andrew Kawczynski, Rich Walters, Ryan Amon y Steve Mazzaro.

ARGUMENTO:

En un futuro cercano, la policía mecanizada controla el crimen. Cuando un droide de la policía, Chappie, es robado y se le reprograma se convierte en el primero con la capacidad de pensar y sentir por sí mismo.

LA MÚSICA:

Zimmer creó una banda sonora completamente electrónica —su primera en veinticinco años—, con un grupo de músicos al que llamó «The Chappie Elektrik Synthphonia», utilizando sintetizadores analógicos de cuarenta años, sin elementos orquestales sampleados pero sí con coro sampleado, efectos vocales distorsionados, guitarra eléctrica y un silbido.

Robot humanizado con música

Pueden establecerse vinculaciones con la música de Vangelis para *Blade Runner* (1982) o con películas como *Robocop* (1987), de Paul Verhoeven, o *Distrito 9* (2009), del propio Blomkamp, pero es necesario tener presente que Chappie no es una película dramática como aquellas y de hecho tiene elementos más propios del cine juvenil e incluso algo de comedia. Pese a ello, y teniendo en cuenta que el objetivo mayor de Zimmer es crear un gran espectáculo, sí hay aspectos en su creación que son serios y dramáticos.

Hay mucha música, quizás en exceso, es violenta, muy hostil y casi siempre está en un volumen sonoro tan atronador que puede saturar y llegar a diluir por sobreabundancia las músicas que son más importantes. Una de ellas es sencilla y básica, y su presencia es siempre clara: la del malvado Vincent, un tema breve y contundente, arisco, que sonando con el personaje muestra su obcecación y su amenaza. Destaca sobre todas las demás músicas ambientales o de acción porque en su unión con Vincent le mejora y explica, lo significa por encima del resto. Salvo Chappie, obviamente.

Para Chappie hay inicialmente música propia de un robot, mecánica e industrial, sin alma. Pero en cuanto suena un tema que evoca una caja de música infantil de modo automático el robot muestra un lado sentimental que lo aproxima a la condición humana, pues es una nana melancólica a la vez que inocente e ingenua. Esto tiene más que ver con el David de *A.I. Inteligencia Artificial* (2001), la película de Steven Spielberg sobre el robot que quiere ser niño, que con *Blade Runner* o *Robocop*. La elección de esa música es un cliché, pero funciona tanto por su inmediatez como por el contraste con todas las demás músicas, especialmente a medida que la nana va evolucionando y generando una inevitable empatía por el robot, hasta convertirlo en más humano que todos los humanos que lo rodean. Para humanizarlo aún más y explicar el conflicto interno que padece por tener que decantarse entre el bien y el mal, Zimmer le otorga otro tema, para su lado negativo y su enfado, una música que coexiste con la infantil y que hace crecer al personaje hasta prácticamente transformar el robot en humano.

La película no funcionó bien comercialmente y las críticas en general fueron negativas, y ciertamente no se acerca en calidad al filme anterior del director, *Distrito 9* , pero en lo musical es una obra sugerente y emocionante, aunque trata de abarcar demasiado y eso acaba por desbordar. Zimmer firmó una banda sonora valiente y comprometida, lo que al menos es digno de reconocimiento.

DUNKERQUE

«Música para generar caos, confusión y pánico»

(DUNKIRK)

FECHA: 2017. EE. UU.

Dir.: Christopher Nolan.

Intérpretes: Fionn Whitehead (Tommy), Tom Hardy (Farrier), Jack Lowden (Collins), Harry Styles (Alex), Kenneth Branagh (comandante Bolton).

Música adicional: Andy Page, Benjamin Wallfisch, Satnam Ramgotra, Andrew Kawczynski, Lorne Balfe.

Premios: Óscar, Globo de Oro, Bafta y Grammy (candidato).

ARGUMENTO:

Relato de lo acontecido en 1940, en plena Segunda Guerra Mundial, cuando centenares de miles de soldados británicos y aliados se encontraron rodeados en las playas de Dunkerque por los alemanes y tuvieron que organizar una fuga a la desesperada hacia Inglaterra.

LA MÚSICA:

Ésta es de momento la última colaboración de Zimmer con Nolan. El director le pidió música propulsiva e intensa para enfatizar la sensación de pánico de quienes buscan desesperadamente ser evacuados y también para la inmersión de la audiencia en la película. Se combina orquesta (violoncelos agitados, violines agudos, percusión cacofónica, pianos golpeando...) con electrónica para crear un bombardeo sonoro abrumador. El sonido del tictac de un reloj —el del propio Nolan, que lo grabó y envió a Zimmer para que lo sintetizara— se incorpora para marcar el tiempo. En varios momentos, la partitura se fusiona con efectos sonoros haciendo difícil saber si se escucha música o ruidos, y en otras ocasiones está a un volumen tan alto que no permite oír lo que dicen los personajes y ni siquiera los efectos sonoros. Todo ello es deliberado.

La música es parte del infierno

Zimmer es caos, confusión y terror. Aparte de la lluvia de misiles, explosiones y el terror de miles de soldados británicos intentando huir del avance nazi, en este filme el infierno está también en la música deliberadamente insoportable, atosigadora y martilleante. No tiene intención narrativa, pues nada explica ni se ubica en la perspectiva de los personajes: la misma música acompaña hechos completamente diferentes como la tensión en el embarque en la costa francesa o la tranquilidad en la preparación de las barcas de rescate en Inglaterra, por ejemplo.

En lo dramático tampoco resalta emociones de personajes, pues igualmente éstos comparten la misma música estando en estados emocionales y psicológicos bien diferentes. Zimmer no está para explicar ni para ponerse en la piel de los personajes sino para ofrecer a la audiencia una experiencia única, totalmente inmersiva, de modo que el público que es testigo de una fuga masiva sufre el ataque directo e inmisericorde desde el espacio sonoro. No hay estructura ni lógica —ni se pretende— en la aplicación de los diferentes bloques musicales, ni hay temas reconocibles, sólo la expresa voluntad de hacer que la inmersión en la película resulte incómoda, una pesadilla.

Por su visceralidad trasmite esta idea subliminal de aniquiliación: puede que la hubiera antes, pero ya no hay rastro de música en esta playa, la que hay está destruida o, desde otra perspectiva, en este escenario es imposible que tome forma algo tan humano y tan ordenado como la música. Se aprecian, sueltos y desordenados, elementos como la ansiedad, la desesperación, la destrucción, el vacío y sobre todo un pesimismo que lo invade todo, pero nada llega a tomar cuerpo o forma concreta, salvo un persistente tictac que recuerda inflexiblemente que el tiempo se acaba, y eso contribuye al desconcierto.

En el tramo final surge música elegíaca puesta ahora sí para narrar y vincularse a las emociones de personajes y audiencia. Se trata de una versión bastante vulgar de las *Variaciones Enigma* , de Edward Elgar (a cargo de Benjamin Wallfisch). Funciona en lo que tiene de liberación y de salida del infierno, pero es como aferrarse a un salvavidas, pues aparte de ser tendenciosamente melodramática, no es una versión que ennoblezca. Cabe la posibilidad de que Zimmer y Nolan hayan querido explicar sutilmente que quienes han sido derrotados estrepitosamente no merecían una elegía musical expresamente escrita para ellos ni una preexistente en condiciones. Todo es posible.

BLADE RUNNER 2049

«Música del futuro que mira al pasado»

FECHA: 2017. EE. UU.

Dir.: Denis Villeneuve.

Intérpretes: Ryan Goslin (K), Harrison Ford (Rick Deckard), Ana de Armas (Joy), Robin Wright (Joshi), Sean Young (Rachel), Jared Leto (Niander Wallace).

Música coescrita por: Benjamin Wallfisch.

Música adicional: Theo Green y Nicolas Neidhart.

Premios: Bafta y Grammy (candidato)

ARGUMENTO:

Treinta años después de *Blade Runner* (1982), de Ridley Scott, un nuevo *blade runner*, llamado K, descubre un secreto largamente oculto que podría acabar con el caos que impera en la sociedad. El descubrimiento lo lleva a iniciar la búsqueda de Rick Deckard.

LA MÚSICA:

Para esta secuela, el director convocó al compositor islandés Jóhann Jóhannsson, con el que ya había trabajado, pero luego decidió que necesitaba algo más cercano a la banda sonora de Vangelis del filme de Ridley Scott, así que Hans Zimmer y Benjamin Wallfisch se unieron para hacer música. Para continuar la línea del original trabajaron con el sintetizador Yamaha CS-80 —el mismo que había sido utilizado por Vangelis— y descartaron cualquier aproximación orquestal. Y con un piano, violoncelos, guitarras e instrumentos exóticos, así como con la voz de Avi Kaplan.

El precedente de Vangelis

Para comprender el alcance de lo hecho por Zimmer y Wallfisch es obligado viajar a la película de 1982. Vangelis recurrió a elementos clásicos para evocar lo humano y a la electrónica para lo robótico. Sampleó el sonido de instrumentos acústicos y un instrumento real, el saxo tenor, fue el escogido para el tema de amor. Asimismo, contó con las voces de Don Percival y Demis Roussos. Impregnó la película de una atmósfera decadente, la del futuro distópico, con músicas que interactúan representando la dualidad de lo real y lo artificial, de la vida y la muerte. De entre las distintos temas musicales se destacaron el de la ciudad de Los Ángeles, música misteriosa, atractiva e inquietante, que es la misma que ilustra la muerte del replicante Roy. También Rachel tiene música, melancólica, con notas de piano que evidencian su pena por no ser humana. Y por supuesto el tema principal, el de amor, que Deckard comparte con Rachel y con el que ambos huyen. Treinta años después este tema reaparece en *Blade Runner 2049*.

El aura de Vangelis

La banda sonora de Vangelis es referenciada aunque no en la totalidad del filme. El comienzo de ambas películas es parecido y la mayor parte de la aportación de Zimmer y Wallfisch se combina o se fusiona, según los casos y las escenas, con efectos sonoros. Se recrean ambientes y atmósferas abstractas sin pretender crear narración salvo en las referencias holográficas a Vangelis. La música nada explica ni matiza, pero aporta tonos, colores, énfasis y atmósferas, propias de los entornos mostrados. También sirve para señalar que apenas queda rastro alguno de humanidad, que cualquier atisbo de calor o afecto sólo se encuentra en las músicas preexistentes que sobreviven del pasado (Prokófiev, Mercer, Arlen...). De alguna manera, viene a decirse: «Aquí podría haber habido música, pero se perdió en algún momento de la historia». Sólo queda el artificio, lo industrial, y quien lo representa mejor es el personaje de Luv, la replicante, que tiene asignada una música fuerte y brutalmente industrial, mientras que unas suaves notas de piano (instrumento importante en la película de Ridley Scott y también en ésta) se vinculan sutilmente a K.

La de Vangelis era una música viva, mientras aquí está prácticamente muerta. Dos detalles corroboran la idea de la música como reminiscencia del pasado: en primer lugar, el protagonista encuentra un calcetín de bebé, su primera prueba de que existió un niño, ¡dentro de un piano!... cuya tecla no suena (y por eso lo abre y descubre). Por otra parte, la acción de K para que aparezca en escena Rick Deckard, tras haber estado explorando y recorriendo estancias es ¡tocar la tecla de un piano que sí emite una nota!

El aura de Vangelis aparece cuando se pretende aportar desde la música emociones concretas sobre los personajes, como vínculo nostálgico con el pasado, pero no en la forma de música construida, nueva o genuina, sino como si fuese la misma pero años más vieja, oxidada. Son momentos en los que su aplicación le da al filme su tono más poético: el tema principal de Vangelis aparece —aunque no siempre— cuando K hace algún descubrimiento sobre el pasado, lo que sirve para exteriorizar sus impresiones, como cuando encuentra el caballo de madera en el horno y cree así que es el hijo de Deckard y Rachel. Pero aparece destruido y no es hasta el final con la resolución en la que Deckard encuentra a su hija y K muere de un modo parecido a Roy en el anterior filme cuando el tema se libera y aparece como el que realmente era. Lógicamente se resuelve cuando se resuelve la historia. Sólo existe un recorrido narrativo en esta banda sonora y es con Vangelis. Es muy significativo que la música, que tanto humaniza, sólo esté precisamente para señalar los momentos en los que queda algo de humanidad real. En el resto, efectos sonoros y música industrial, que es lo que el filme necesita para explicarse.

IT BEGINS.
DUNE
BASED ON THE NOVEL "DUNE" WRITTEN BY FRANK HERBERT SCREENPLAY BY JON SPAIHTS AND DENIS VILLENEUVE AND ERIC ROTH DIRECTED BY DENIS VILLENEUVE
LEGENDARY
WATERTOWER
WARNER BROS.

DUNE (Partes 1 y 2)

FECHA: 2021, 2024. EE. UU.

Dir.: Denis Villeneuve.

Intérpretes: Timothée Chalamet (Paul Atreides), Rebecca Ferguson (lady Jessica), Oscar Isaac (Leto Atreides), Josh Brolin (Gurney Halleck), Stellan Skarsgård (Vladimir Harkonnen), Dave Bautista (Glossu Rabban), Zendaya (Chani), Charlotte Rampling (Gaius Helen Mohiam), Javier Bardem (Stilgar), Léa Seydoux (Margot Fenring).

Música adicional: David Fleming, Steve Mazzaro, Andrew Kawczynski, Steven Doar (Parte 1 y 2), Omer Benyamin (Parte 2).

Premios: Óscar, Globo de Oro y Bafta (ganador), Grammy (candidato).

Parte 1

Parte 2

ARGUMENTO:

Adaptación en forma de trilogía cinematográfica de la novela homónima de Frank Herbert, de la que en la fecha de publicación de este libro se han estrenado dos de las tres películas. Primera parte: en el planeta desértico Arrakis vive una comunidad que espera con ansia la llegada de un mesías que los ayude a combatir al maligno imperio de Harkonnen. Ése será Paul Atreides, que confía en poder recuperar el renombre de su casa pero que pronto se verá envuelto en una trama de traiciones y engaños. Segunda parte: Paul se une a los Fremen y comienza su entrenamiento para convertirse en Muad'Dib mientras trata de evitar el terrible futuro que ha previsto, una guerra santa en su nombre.

LA MÚSICA:

Ninguna de las dos bandas sonoras fue hecha con orquesta aunque sí se emplearon instrumentos como el *duduk* o la gaita escocesa. La mayor parte de los sonidos proceden de instrumentos creados expresamente para ellas y también de sintetizadores, como el de un cuerno largo tibetano pasado por el filtro de un *sampler*. Se utilizaron para crear el tono inquietante y sobrenatural del desierto de Arrakis, pero también para dar una idea alejada de la civilización tal y como la conocemos, una ambientación ultrafuturista en la que apenas quedan residuos de la música con la que tanto se significó la humanidad. Los instrumentos cambian por los avances tecnológicos, pero la voz humana sigue siendo la misma: siendo las mujeres el motor de la historia sus voces son parte fundamental de la construcción sonora y musical. Zimmer contó con tres: Loire Cotler, Lisa Gerrard y Edie Lehmann Boddicker, que participan en cánticos, susurros y gritos primitivos. Pese a que no son creaciones ortodoxas, con temas musicales y melodías reconocibles, sí hay músicas y sonidos que referencian personajes o lugares, conformando un entramado musical complejo y abstracto, pero sólido.

Dune 1

Viaje musical a la esperanza

La música de Zimmer forma parte en primera instancia de la experiencia inmersiva de la película junto al diseño sonoro o los elementos visuales, que facilitan a la audiencia entrar en un universo tan único. La estructura de la banda sonora es muy sencilla para facilitar las cosas: tiene motivos musicales y temas que, sean concretos o abstractos, son entendibles tanto por ser reiterados como por los matices y colores que aportan a lo épico, lo religioso, lo arcaico, lo violento, lo trágico o lo lírico, dotando de intensidad, inmensidad y profundidad al resto de la película. La música forma parte de un viaje emocional que arranca en la oscuridad (los primeros minutos de la película son de un fatalismo musical extraordinario) y que va en busca de la luz, hacia la esperanza por la salvación, todo ello con música del futuro aunque con elementos o instrumentos que mantienen vivos sus vínculos con los tiempos pasados, como el *duduk* armenio, la gaita escocesa o por supuesto la voz humana.

Las hermandad monástica de las Bene Gesserit, a la que pertenece lady Jessica, la madre de Paul Arrakis, es presentada con música de voces inquietantes, sigilosas, casi silenciosas, susurros de quienes guardan en secreto el gran poder que tienen para obligar mediante la voz a obedecer a quienes quieran. La música suena a su llegada a Caladan, a su marcha y cuando lady Jessica ejerce su poder. Por su parte, la poderosa, ambiciosa e inmisericorde casa de los Harkonnen es representada con música poderosa, marcial, industrial y también inmisericorde. Se sustenta en tres notas reiteradas, inflexibles, peligrosas. En absoluto contraste, la casa Atreides es presentada en la nobleza de su abolengo con una explosión de gaitas escocesas. Pero más allá de lo ceremonial, es la referencia musical de su lucha.

Leto Atreides, como jefe del clan, tiene otra música que comparte con su familia. Es dramática, crepuscular y triste, avanza un fatal final manifestado de modo trágico cuando agoniza ante Vladimir Harkonnen, y que se expone en modo dolorido tras su muerte. Su hijo Paul, el gran protagonista, se vincula a varias músicas: la primera se relaciona casi siempre con sus sueños de Arrakis y los Fremen, que formarán parte de su futuro. Pero la música va más allá de representar los sueños y forma parte de su llegada a Arrakis y su contacto con los Fremen. También tiene la música de su destino, que comienza al principio de la película, mientras lee acerca de Arrakis y los Fremen. Es una música con dos fases: una primera, breve, de desconocimiento e incertidumbe, y una segunda de aceptación.

El planeta Arrakis cuenta con música evocadora, mística, atractiva y atrayente como un cántico de sirena. Lleva a Paul a través de sus peligros, como el del gigantesco gusano, cuya amenaza intensifica y agrava la música. Suena frecuentemente —es la que más veces aparece en la película—, englobando a los seres que habitan el planeta y finalmente incluye al propio Paul, siendo al final del primer filme la música de su destino y de su viaje a la esperanza.

Dune 2

Más allá de Arrakis

La segunda parte continúa donde termina la primera, con Paul adentrándose en el desierto con los Fremen para emprender un viaje espiritual que le llevará a convertirse tanto en el Kwisatz Haderach como en el mesías Lisan al Gaib, mientras intenta evitar el futuro que ha presenciado, una guerra santa por todo el universo que finalmente él mismo provocará.

En coherencia con la primera parte, evolucionan algunos temas musicales y se incorporan nuevos en una banda sonora que nuevamente es sencilla en líneas y estructura pero compleja en aplicación, desarrollo y significaciones. Hay temas que no revisten complejidad, como el del clan Harkonnen, menos importante aquí, o la música de las Bene Gesserit, aquí derivada en el personaje de Margot Fenring, también una de ellas. O el tema de Leto

Atreides, que suena cuando es evocado por su hijo. La música que comenzó formando parte de los sueños de Paul se redirige en forma diferente, misteriosa y dramática pero parecida en el cumplimiento de la profecía que le lleva a ser el Kwisatz Haderach, hasta que alcanza la conversión y la profecía se cumple.

El tema del destino aparece en la segunda parte con la visión que tiene Paul de su hermana pero sin que el significado real de la música se aclare aún. El tema de Arrakis tiene también protagonismo: se reitera su epicidad y la fascinación que genera pero sucede algo esencial, y es que Paul —que ahora lidera y controla a los gusanos— toma posesión y hace suya la música de Arrakis con una variación grave, contundente y autoritaria. ¿Será también su perdición? A partir de aquí la música será de un bando y de un líder, Paul Atrides, que es ya Lisan al Gaib y su destino.

A Feyd-Rautha, el sobrino psicótico y violento del barón Harkkonen, no se le asigna un tema claro y reconocible sino notas oscuras y siniestras que lo hacen enigmático y que le muestran tanto en su lado más retorcido y frío como en su animalidad. La principal novedad es el tema de amor, que surge de la mirada de Paul hacia Chani, aporta intimismo y emotiva delicadeza y finalmente lo comparten. Pero cuando él la abandona, se queda la música para compartirla con sus seguidores, aunque ella no renuncia a esa música (suena con sus primeras acciones tras el abandono). Y así lo que suceda con este tema que les unió y que ahora lo tienen por separado se resolverá —o no— en la tercera parte, junto al recorrido que deben continuar los demás temas musicales.

SIN TIEMPO PARA MORIR

(NO TIME TO DIE)

FECHA: 2021. RU.

Dir.: Cary Joji Fukunaga.

Intérpretes: Daniel Craig (James Bond), Rami Malek (Lyutsifer Safin), Ralph Fiennes (M), Léa Seydoux (Madeleine Swann), Jeffrey Wright (Felix Leiter), Ana de Armas (Paloma).

Música adicional: Steve Mazzaro.

Premios: Grammy (candidato).

ARGUMENTO:

Vigesimoquinta película de la saga James Bond. Ya retirado, la paz del agente 007 se ve interrumpida por una visita de su amigo de la CIA Felix Leiter, y ambos siguen la pista de un misterioso villano en posesión de peligrosas nuevas tecnologías.

LA MÚSICA:

Hans Zimmer se enfundó por vez primera el esmoquin musical del agente con licencia para matar, un traje que en el pasado se pusieron Monty Norman, John Barry, George Martin, Marvin Hamlisch, Bill Conti, Michael Kamen, Eric Serra, David Arnold y Thomas Newman. Siguiendo la tradición hay una canción de obertura, de los hermanos Billie Eilish y Finneas O'Connell: «No Time to Die», que ganó el Óscar a la mejor canción. La canción es base importante para la música de Zimmer, que entró en el filme tras el abandono (o despido) del compositor Dan Romer por diferencias creativas, la primera vez en la saga que un compositor fue reemplazado en posproducción y la segunda (tras Eric Serra) que la música se asignaba a alguien no anglosajón.

Musicalmente, es una fusión entre el Zimmer característico de acción y John Barry y también David Arnold, con orquesta sinfónica, sintetizadores, coros e instrumentos como la trompeta (de Arturo Sandoval), guitarra (Amir John Haddad), guitarra eléctrica (Johnny Marr) o las diversos instrumentos de viento de Pedro Eustache.

La canción sin futuro

El tono oscuro y triste de la canción entusiasmó a Zimmer, que la aprovechó para ir pautando el desarrollo emocional en la relación de Bond con Madeleine, convirtiendo así el tema de Eilish/O'Connell en el principal de la banda sonora. Es un tema narrativo a un nivel sutil y discreto, que funciona en la retaguardia apoyando y matizando, y es muy destacable cuando se aplica en la magnífica escena final, donde se evidencia que en créditos iniciales se estaba anunciando el desenlace: «We Were a Pair / But I Saw You There / Too Much to Bear / You Were My Life / But Life Is Far Away from Fair» («Éramos una pareja / Pero te vi ahí / Demasiado para soportarlo / Tú eras mi vida / Pero la vida está lejos de ser justa»).

Por su parte, el malvado Safin tiene música que es más del aura que genera que de explicación de su retorcida mente, y Paloma tiene una sensual música de aires hispanos. Ambos temas musicales funcionan en sus contextos y alrededor de sus personajes. Además de ello, fue relevante que Zimmer, teniendo la posibilidad de imponer su estilo y hacer suya la película, aceptara que fuera la película la que le impusiera y condicionara el modo que debía tener su aportación: más allá del icónico tema de James Bond, de Monty Norman, que evidentemente es empleado, hay gran protagonismo de John Barry y en menor medida de David Arnold. Del primero su música para *Al servicio secreto de su majestad* (1969) —incluida la canción cantada por Louis Armstrong «We Have All the Time in the World»—, puesto que ambos filmes tienen conexiones, no sólo argumentales. El uso de la canción tiene un matiz irónico y dramático, pues a los amantes lo que les falta precisamente es tiempo para amarse. De Arnold, por su parte, suena el tema de Vesper Lynd que apareció en *Casino Royale* (2006), si bien fugazmente. Son músicas que elevan el nivel emocional de la película, pero Zimmer es respetuoso en su integración y más que solvente en los espacios que ocupa para enfatizar las acciones y sobre todo las emociones. En este aspecto, curiosamente, arranca la película de modo exultante y abierto pero paulatinamente va moderando el tono para permitir que sean los personajes los que lleven las riendas y no la música quien se imponga a ellos.

Esta es una banda sonora que aporta espectáculo y dinamismo pero también deja espacio para el desarrollo del personaje principal, un James Bond vulnerable, casi un antihéroe desubicado en un entorno de malvados apocalípticos y agentes burócratas. Todo ello en una música que añora mucho el pasado y no destila ningún optimismo por el futuro.

TOP GUN: MAVERICK

«Nostalgia del pasado y espectáculo en el presente»

FECHA: 2022. EE. UU.

Dir.: Joseph Kosinski.

Intérpretes: Tom Cruise (Pete *Maverick* Mitchell), Miles Teller (Bradley *Rooster* Bradshaw), Jennifer Connelly (Penelope *Penny* Benjamin), Ed Harris (Chester *Hammer* Cain).

Música coescrita por: Harold Faltermeyer y Lady Gaga.

Música adicional: Steven Richard Davis, Andrew Kawczynski, David Fleming y Steve Mazzaro.

ARGUMENTO:

Secuela de *Top Gun: ídolos del aire* (1986). Tras más de treinta años de servicio como uno de los mejores aviadores de la Armada, Pete Mitchell sigue forzando los límites como piloto de pruebas. Cuando es destinado a la academia de Top Gun para entrenar a nuevos pilotos de élite para realizar una peligrosa misión en territorio enemigo se encuentra allí con el hijo de su difunto amigo «Goose».

LA MÚSICA:

La banda sonora de la película de 1986 tuvo música de Harold Faltermeyer y es una de las más icónicas de los años ochenta y también una de las de mayor éxito en su época. «Take My Breath Away», de Giorgio Moroder, ganó el Óscar a la mejor canción y otras canciones como «Danger Zone», de Kenny Loggins, o «Top Gun Anthem», de Faltermeyer (con interpretación memorable del guitarrista Steve Stevens) triunfaron también comercialmente. Esto puso inevitablemente el listón musical muy alto en esta secuela y por ello se optó por mantener el mismo espíritu y estilo ochentero. El propio Faltermeyer colaboró con Zimmer con el sintetizador Yamaha DX7. Se crearon dos nuevas canciones, «Hold My Hand», de Lady Gaga, y «I Ain't Worried», de OneRepublic. En la música participaron la violoncelista Tina Guo, y la guitarra de Lexii Lynn Frazier, entre los solistas musicales.

Entre el pasado y el presente

Hay tres líneas musicales importantes: el himno preexistente de Faltermeyer, el tema de amor de Lady Gaga y las músicas de acción y dramáticas de Zimmer y de Balfe. El himno de Faltermeyer aporta nostalgia y conexiona directamente las dos películas, creando una sensación de continuidad entre ambas. La canción de Lady Gaga es la base del recurrente tema que une a Maverick y Penny en su amor y en el sacrificio que hacen, una bella melodía onírica que tiene también un sentido más amplio relacionado con la redención y la familia. El resto de la partitura es sobre todo de acción de mucha intensidad para lo heroico, pero también hay espacio para lo dramático con momentos que enfatizan la angustia y la amenaza que pende sobre los protagonistas.

La tan reiterada —y practicada— idea de Zimmer de que la música debe facilitar una experiencia a la audiencia a la vez que contribuir a la propia película en los planos ambientales, dramatúrgicos o narrativos (o en una combinación de ellos) se pone de manifiesto en este gran espectáculo en el que el compositor no se posiciona en rol protagónico y de liderazgo sino en la retaguardia, dando vigor y énfasis a las nuevas hazañas de Pete *Mavericks* Mitchel. Su música aquí no tiene ninguna complicación ni es especialmente elaborada: no tiene otra pretensión que la de convertir la película en un gran espectáculo de epicidad y emociones puntualmente intensas, aportando un aire de nostalgia que evoca los años ochenta pero adaptándolos a los nuevos tiempos. Esta conexión con el pasado que se logra con la combinación de la música, las canciones y el tema principal del filme original es lo más destacado y lo que mejor funciona pues añade un elemento emocional muy importante que favorece al propio personaje protagonista, dotándolo desde el mismo comienzo de un aura de héroe del pasado que se mantiene aún en pie, resistiendo casi como el último de su estirpe y muy preparado para afrontar los complicados retos del presente, que también son expuestos en las músicas de Zimmer y Balfe.

THE CREATOR

«Inteligencia musical nada artificial»

FECHA: 2023. EE. UU.

Dir.: Gareth Edwards.

Intérpretes: John David Washington (Joshua Taylor), Gemma Chain (Maya Fey-Taylor), Ken Watanabe (Harún).

Música adicional: Steve Mazzaro.

ARGUMENTO:

En plena guerra entre la humanidad y la inteligencia artificial, un exagente de las fuerzas especiales es reclutado para cazar y matar al Creador, el escurridizo arquitecto de la IA avanzada que ha desarrollado una misteriosa arma con forma de niña y con el poder de acabar con la propia humanidad.

LA MÚSICA:

Para esta película de ciencia ficción, el director tanteó inicialmente la posibilidad de crear una banda sonora generada enteramente con inteligencia artificial y encargó hacerla a una empresa. Pero los resultados no fueron satisfactorios: «7 sobre 10», valoró Gareth Edwards en una entrevista, lo que no deja de plantear un serio riesgo futuro sobre las posibilidades de la IA de arrebatar al ser humano la creación de algo tan intensamente humano como es la música. En cualquier caso, fuera una intención seria o no, Zimmer fue convocado para sumergirse nuevamente en los mundos del género, que ya había transitado en películas como *Interstellar* (2014) o *Dune* (2021). En este nuevo viaje al futuro incorporó un tipo de música que ya había empleado en *Más allá de Rangún* (1995), una mezcolanza para unir lo humano con lo artificial.

Zimmer trabajó con su habitual programación de sintetizadores pero como base secundaria y de apoyo a una creación sinfónica con participación destacada de la voz de Stephanie Olmanni y el violoncelo de Tina Guo, así como coro e instrumentos étnicos del sudeste asiático. La película incluye algunas canciones ambientales («Fly Me to the Moon», «Child in Time» o «Love I Need You») pero sobre todo hace uso del «Clair de Lune», de Claude Debussy, con intenciones representativas que no quedan claras, especialmente cuando es empleado como tema de créditos finales.

Lo terrenal y lo espiritual

La humanidad es el núcleo de la historia y lo es también de la música, que se aplica y desarrolla en los territorios ortodoxos del género, pero que es llevada a un nivel de sublimación poética y simbólica gracias a su tema principal, que vincula emocionalmente al humano protagonista con la niña robot. Hay músicas ambientales para el contexto tecnológico, deshumanizado y de violencia, y músicas dramáticas para enfatizar y explicar las diversas emociones... humanas pero también robóticas.

Todo lo relativo a la acción es resuelto con músicas características del compositor para dar énfasis y vigor, aportar un sentido épico y también dramático, prácticamente apocalíptico y también crepuscular y decadente. En contraste, y por la ubicación geográfica, las músicas de cariz étnico son apropiadas no sólo por lo orgánico, por ser las propias del sudeste asiático, sino también porque mantienen viva la idea de que pese a todo ese sigue siendo el planeta Tierra y sus gentes son humanas.

Joshua —y su motivación— son expuestos desde buen principio de la película, pero la niña no aparece hasta pasada media hora, momento en que comienza a construirse su unión a través de la música que compartirán, el tema principal. Son en un inicio apenas cuatro notas que paulatinamente va progresando hasta llegar a una eclosión final amplia y muy emocionante. En sus primeras intervenciones suena de modo prácticamente imperceptible, ahogada entre tantas otras músicas de acción y violencia, pero poco a poco toma cuerpo y forma, contribuyendo a forjar la unión entre ambos. Esta unión es afectiva y de protección por parte de él pero mística desde la perspectiva de Alfie. Durante su recorrido refuerza tanto lo dramático como lo heroico y poco a poco va ocupando los principales espacios en la película, singularizando a ambos en relación con todos los demás personajes. Joshua está en el presente, en lo terrenal, y la niña en otra dimensión, espiritual: la música incorpora coro y órgano de tubos coincidiendo con el deseo de Alfie de saber si, a pesar de ser sintética, irá al cielo al morir. Pero al llegar al final será ella la que ayude a Joshua a llegar, de alguna manera, al cielo generando en su mente un último encuentro con su amada esposa, mientras Alfie regresa a la Tierra para emprender un futuro de convivencia entre humanos y robots y la música acaba siendo precisamente para celebrar esa unión. Esta poética musical no la logra la inteligencia artificial, al menos de momento.

OTRAS BANDAS SONORAS

En este libro hemos destacado varias de las bandas sonoras más significativas de Hans Zimmer, algunas comentadas con detalle y otras más genéricamente. El compositor tiene muchas más que, aunque no sean tan relevantes, tienen aspectos de interés que merecen ser reseñados. Éstas son algunas de ellas, por orden cronológico:

TO THE MOON, ALICE

(DIR: JESSIE NELSON, 1990) (CORTOMETRAJE)

Cortometraje de 30 minutos sobre una familia de tres personas sin hogar que un día, tras una intensa jornada buscando trabajo, acaba durmiendo en un escenario de una serie televisiva, donde por una noche viven como cualquier otra familia con hogar. Pero son expulsados y regresan a la marginalidad de las calles. Este filme muestra el estrés, la humillación y el trauma de vivir sin un techo, y lo hace con elegancia pero sin esquivar el impacto dramático. Zimmer —que aparece en créditos como Hans Florian Zimmer— aplicó un hermoso tema principal, muy sencillo, con el que reflejó esa desolación pero sin melodramatismo sino haciendo hincapié en la elegancia y dignidad de la familia, y en el amor que los une. Es una obra muy bella.

UN TIEMPO PASADO

(FOOLS OF FORTUNE. PAT O'CONNOR, 1990)

Película británica ambientada en los años de la rebelión irlandesa, sobre una familia protestante irlandesa que se ve atrapada en el conflicto entre los republicanos y el ejército británico. Zimmer creó una banda sonora que fluctúa entre un romanticismo elegante y refinado y un dramatismo intenso que dar epicidad al relato. El piano es instrumento protagonista, los aires celtas otorgan lirismo pastoral y se hizo con orquesta sinfónica y sintetizadores.

DÍAS DE TRUENO

(DAYS OF THUNDER. TONY SCOTT, 1990)

La película surgió de la estela del enorme éxito de *Top Gun, ídolos del aire* (1986), que el director quiso repetir nuevamente con Tom Cruise, esta vez en autos de carreras. Fue la primera colaboración de Zimmer con Scott y en este filme hubo un mayor equilibrio entre música instrumental y canciones del que había habido en la película de 1986, que tuvo música de Harold Faltermeyer: más de una hora de material que Zimmer subestimó, llegando a declarar que «He hecho algunas bandas sonoras realmente malas y *Días de trueno* es una de ellas [...], no había buena música en ella». Sin embargo, hay en esta creación esencia de un Zimmer que más adelante sobresaldría evolucionado en otras películas. Es un conjunto de sonidos sintéticos y electroacústicos con rock y música popular. Tiene un tema principal muy pegadizo y dinámico, música que simula el sonido de los automóviles y una vibrante escena final con percusiones y *riffs* distorsionados de guitarra eléctrica para la victoria del protagonista. Asimismo hay música romántica, sustancialmente más lenta, para los momentos de amor entre los personajes, que funciona por contraste y que aporta sus momentos más importantes cuando se oscurece para más adelante volver a brillar.

MATRIMONIO DE CONVENIENCIA

(GREEN CARD. PETER WEIR, 1990)

Ésta es una comedia romántica sobre un francés (Gérard Depardieu) y una norteamericana (Andie McDowell) que se casan, él para conseguir la tarjeta de residencia y ella para acceder a un apartamento que sólo se oferta a casados. Zimmer compuso poca música, apenas veinte minutos que coexiste con temas clásicos y canciones (de Mozart, The Beach Boys o Enya). Fue hecha antes de ser rodada la película, con *samplers* y sintetizadores, y parece en varios momentos una derivación de *Rain Man* (1988) o *Paseando a Miss Daisy* (1989), y se destaca por el empleo de músicas de ritmo africano como referencia al continente en el que, según cuenta ella a los demás, él ha estado viviendo. Son músicas para la comedia, en tanto que lo sentimental lo protagoniza el piano, que ante invitados él toca una melodía romántica mientras recita un poema en francés. Esta música sorprendentemente no tiene mayor recorrido en la película, pues en la escena donde ella está en el restaurante pensando en él y paralelamente él tatarea feliz en la habitación de su apartamento pegando fotos de ella en un álbum suena con piano otro tema diferente, y lo mismo cuando ella recibe de regalo una partitura escrita por él, con nueva música... o, ya al final, cuando se besan y despiden como enamorados, donde suena una canción. Una música agradable pero de escaso interés.

COLMILLO BLANCO

(WHITE FANG. RANDALL KLEISER, 1991)

Esta adaptación de la novela de aventuras de Jack London tuvo como compositor inicial al celebrado Basil Poledouris, pero su música fue rechazada y Zimmer escribió la de reemplazo, aunque la película mantuvo aproximadamente la mitad de lo creado por ambos. Zimmer no apareció acreditado y el suntuoso tema principal sinfónico es de Poledouris, al igual que las músicas de aires más clásicos, mientras que las de Zimmer dieron un cariz moderno y contemporáneo, con fusiones de orquesta y electrónica, empleo de flautas de pan, trompeta solista, gaitas, piano *honky tonk* o un banjo. Fue una mezcla de músicas diferentes que resultó algo inconexa en la película, aunque la banda sonora de ambos compositores —que tiene una edición comercial conjunta— tiene momentos de mucha belleza y solemnidad, que realza lo bucólico, enfatiza lo aventurero y aportan un tono evocador y nostálgico.

A PROPÓSITO DE HENRY

(REGARDING HENRY. MIKE NICHOLS, 1991)

Harrison Ford protagoniza este drama interpretando a un hombre que queda amnésico tras ser tiroteado, y Annette Bening encarna a su esposa, que pone todo su empeño en que recupere la memoria. Inicialmente la banda sonora corrió a cargo del compositor francés Georges Delerue, pero su creación cálida e intimista —en su línea usual— fue sorpresiva y no justificadamente rechazada y Zimmer entró en su lugar con la pretensión de que el filme tuviera un toque más moderno y comercial. El total de su aportación apenas alcanza veinte minutos de música muy genérica hecha con teclados y *samplers*, y uso de trompeta y violín. Se sustenta en un sencillo y demasiado básico tema principal para el protagonista, que comienza a sonar con él en el hospital y que se reitera en diversas ocasiones con ligeras variaciones (animadas o apagadas, lentas o dinámicas) pero es música más dérmica y de envoltorio que dramática y narrativa, y por su escaso desarrollo y su tono apático ni ayuda a conocer al personaje ni aporta demasiada emoción al filme, mucho menos en la resolución final.

K2

(FRANK RODDMAN, 1991)

Esta película británica sobre la odisea de dos amigos que escalan la famosa y peligrosa montaña K2, la segunda más alta del mundo, tuvo dos partituras: una de Chaz Jankel para su exhibición en Estados Unidos y otra de Zimmer para su distribución europea. Pese a ello, Zimmer no aparece en los títulos de crédito. El filme versiona una obra teatral y por tanto se apoya mucho en los diálogos, aunque hay escenarios naturales grandiosos. La música se circunscribe principalmente en estas secuencias donde los diálogos no son protagonistas, y fue una banda sonora híbidra orquestal y electrónica. No existe un tema principal como tan sino un conjunto de melodías en las que destacó el empleo de la guitarra eléctrica (de Pete Haycock), batería (Grahama Ward) y solos de violoncelo y viola (Anthony Pleeth y David Emanuell, respectivamente), así como diversas sonoridades étnicas. La música diferencia el ascenso (dramático) y el descenso (heroico) de la montaña, alcanzando momentos de gran emotividad. Fue una obra muy superior a la de Jankel.

ELEGIDOS PARA EL TRIUNFO

(COOL RUNNINGS. JON TURTELTAUB, 1993)

Un grupo de jóvenes jamaicanos que jamás han visto la nieve luchan por competir por su país en los Juegos Olímpicos de invierno en Calgary 1988. La película tiene un buen número de canciones ambientales y la música original emula el reggae con teclados y percusión pero también hay rock suave y temas orquestales sintéticos para enfatizar lo sentimental, la comedia y el triunfo final. Una banda sonora sin mayores pretensiones.

NUEVE MESES

(NINE MONTHS. CHRIS COLUMBUS, 1995)

Comedia sobre un hombre con fobia al compromiso que se da cuenta de que va a tener que cambiar cuando su novia le dice que está embarazada. La música se mueve entre un clasicismo brahmsiano y el pop, con destacado empleo de *glockenspiel*, piano e instrumentos de viento y de cuerda.

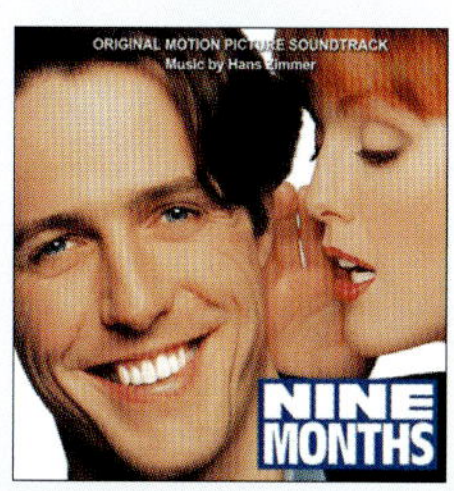

Hay momentos animados y otros sentimentales y dramáticos, que se estructuran alrededor de dos omnipresentes temas: uno romántico para la pareja y el otro individual para el protagonista, que va pautando su progresivo entusiasmo con la idea de ser padre. Ambos alcanzan sendos clímax muy emotivos. Es en su conjunto una creación sensible, intimista y lírica.

ALGO DE LO QUE HABLAR

(SOMETHING TO TALK ABOUT. LASSE HALLSTROM, 1995)

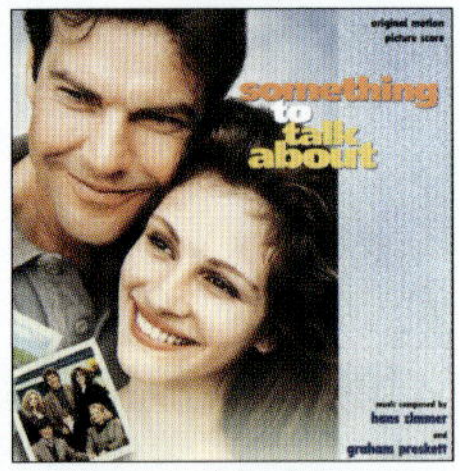

Para este drama con Julia Roberts como una mujer que al descubrir la infidelidad de su marido se instala en casa de su hermana y se replantea su vida, Zimmer colaboró con Graham Preskett, coautor de una banda sonora de aires country-blues con banjos y guitarras, elección debida a la localización de la película, una finca agrícola. Hay un tema animado con solo de guitarra eléctrica acompañada posteriormente por el piano. Un segundo tema, más lento y tranquilo, es para los protagonistas y su conflictiva relación, música que evoluciona hasta su bella conclusión final. En la película hay canciones, siendo la más destacada la homónima «Something to Talk About», de Bonnie Raitt.

FANÁTICO

(THE FAN. TONY SCOTT, 1996)

Este *thriller* con Wesley Snipes como Bobby Rayburn, una estrella de béisbol, y Robert De Niro como Curly, un aficionado obsesionado con él que le acosa, demuestra el daño que pueden hacer las canciones que ocupan espacios que deberían reservarse a la música narrativa. En *Amor a quemarropa* (1993) el director había empleado canciones, pero funcionaron y coexistieron con la música de Zimmer, lo que no sucede aquí pues de los tres grandes ejes musicales sólo uno cumple su cometido: el bello tema principal, que sirve para ensalzar el béisbol e implica a los dos personajes, para bien (con el jugador) y para mal (con el antagonista). Aparece una decena de veces, presentado inicialmente en un recitado en *off* de Curly celebrando la pasión por el deporte y se emplea eufórico en la competición. Pero también —y es lo mejor que tiene la música de Zimmer— cuando Curly se encara con Juan Primo (Benicio del Toro) para exigirle que deje de jugar con el número once, pues le pertenece a Bobby. La música, aquí, funciona como una motivación, que le llevará al asesinato. Curly, de alguna manera, se apropia del tema, hasta que es finalmente recuperado por Bobby. Lamentablemente, la música de Bobby y las escasas notas reiterativas que señalan la creciente locura de Curly no encuentran su espacio por culpa de las canciones.

EL JURAMENTO

(THE PLEDGE. SEAN PENN, 2001)

En este *thriller* protagonizado por Jack Nicholson como un detective alcohólico ya retirado que se compromete a atrapar al asesino de una niña, Zimmer colaboró con Klaus Badelt en la música y ambos firmaron una partitura dramática que acentúa el sentimiento de soledad del personaje. Sintetizadores y un piano, un violín, una guitarra y la voz solista de Alison Moynihan son la base principal de una partitura que no se sustenta tanto en temas musicales como en la creación de entornos ambientales y estados anímicos.

INVENCIBLE

(INVINCIBLE. WERNER HERZOG, 2001)

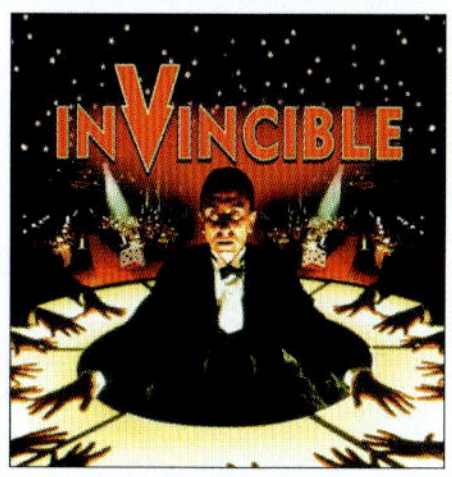

Este filme se basa en la vida de Zishe Breitbart, un forzudo judío convertido en una atracción para los nazis. La película se abre en créditos con «Ohne Trost, ohne alles Hoffen», de la ópera de Händel *Giulio Cesare in Egitto*, y se cierra en la última escena con el *Concierto para piano n.º 3 en do menor*, de Beethoven. Son una apertura y conclusión que marcan firmemente el estilo de la música original, de Zimmer y Klaus Badelt, toda ella de aires clásicos y un tono que va de un lirismo dramático, afectado, a lo oscuro, este último relacionado con los nazis y con el decadente y siniestro Hanussen, el ocultista que contrata a Zishe. El aura de tristeza, pesimista aunque muy bella, rodea a este personaje y a los seres a los que quiere: su familia, amigos o especialmente a Martha, la asistenta de Hanussen de la que se enamora. La partitura, de raíz netamente europea, es como una nube que se cierne avanzando la tragedia sobre los personajes.

LÁGRIMAS DEL SOL

(TEARS OF THE SUN. ANTOINE FUQUA, 2003)

Bruce Willis personifica en este filme de acción a un comandante de operaciones especiales que guía junto con su equipo y una médica a través de la jungla nigeriana a un grupo de setenta refugiados que huyen de los militares. Zimmer volvió a colaborar con Lebo M. y Lisa Gerrard para que pusieran las voces de África y de la desolación, conjunta o separadamente, en algunas de las escenas más cruentas, trascendiéndolas. Un motivo musical de cuatro notas sirve de motivo del protagonista y su equipo desde el mismo momento en que aparecen y suena una docena de veces marcando su recorrido, para tensionar o dramatizar. En un plano aéreo mostrando cómo los refugiados y el comando recorren la jungla suena un tema lírico y hermoso, con obvios aires étnicos, que se acabará convirtiendo en el tema principal en la extensa e intensa última parte que incluye las escenas del combate, la victoria y la llegada al lugar de salvación, momentos de máximo apogeo musical, épico y muy emocionante.

EL REY ARTURO

(KING ARTHUR. ANTOINE FUQUA, 2004)

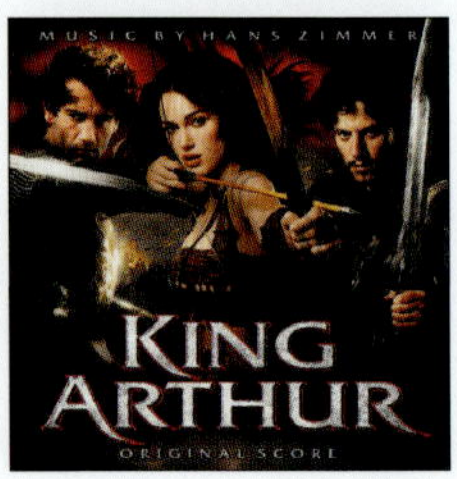

En esta recreación de la leyenda de Arturo y los caballeros de la mesa redonda se quiso repetir el formato musical de *Gladiator* (2000) pero no con resultados tan notables. Si en la película de Ridley Scott la voz de Lisa Gerrard entonaba la canción «Now We Are Free», que era la base melódica del tema principal (el de Máximo), aquí sucede algo parecido con «Tell Me Now (What You See)», que canta en créditos finales Moya Brennan (hermana de Enya) en un tono similar al de Gerrard. En este caso, es la base melódica del tema principal que representa a Arturo y a los caballeros de la mesa redonda. Suena una docena de veces en la película y aporta un cariz místico, casi como un aura de leyenda. Y es que Zimmer definió este filme como «un *thriller* con espiritualidad medieval», aunque su música no está ligada al período histórico. Integra instrumentos étnicos en la orquesta, usa coros y mantiene ese cariz espiritual también en el tema musical de Ginebra. Ambas músicas se contrastan con las virulentas aplicadas a los enemigos. En su conjunto es una banda sonora de poderosa epicidad y solemne dramatismo, muy apasionada pero también mucho más elemental y simple que *Gladiator*.

CALL OF DUTY: MODERN WARFARE 2

(JASON WEST, 2009) (VIDEOJUEGO)

Fue la primera partitura de Zimmer para videojuego, un mundo en el que ha colaborado en puntuales ocasiones. Ésta es una espectacular e intensa creación en la que se aprecian elementos característicos de sus filmes de acción, con música poderosa, industrial y grandilocuente, con toques étnicos. Son casi diez horas de música creada en su mayor parte por Lorne Balfe, aunque basándose en los temas centrales de Zimmer. El tema principal está lleno de energía explosiva. Otro videojuego destacable en el que participó fue *Crysis 2* (2011), con música muy similar, nuevamente intensa en lo orquestal tanto para los momentos de acción como para la recreación de lo violento y apocalíptico. La mayor parte de la partitura es obra de Borislav Slavov y Tilman Sillescu.

ENRIQUE DE NAVARRA

(HENRI IV. JO BAIER, 2010)

Película comercial en unos países y miniserie televisiva en otros, gira en torno al rey Enrique IV de Francia y III de Navarra. La música fue coescrita por Henry Jackman y ambos compositores desarrollan su creación en tres niveles: en primer lugar, música de acción y épica, con un temario contemporáneo y vigoroso en el que se destaca su poderoso tema principal, grandilocuente pero también elegante; en segundo lugar, refinada música de época, con fines ambientales; finalmente, un temario dramático que destaca por su tono claroscuro, moderadamente siniestro. No es una creación notable, pero sí digna y cuenta con momentos ciertamente bellos.

MI AMIGO MR. MORGAN

(MR. MORGAN'S LAST LOVE. SANDRA NETTELBECK, 2013)

Ésta es una película alemana apenas conocida, a pesar de estar protagonizada por Michael Caine y de contar con una muy hermosa música de Zimmer, también prácticamente desconocida. Es un drama romántico sobre un viudo que conoce a una joven parisina y que debe enfrentarse a la oposición de sus hijos por esta relación. Arranca muy prometedora, presentando al personaje protagonista con cierto desenfado, con una melodía que recuerda a *Mejor... imposible* (1997) y a otras de las comedias sentimentales del compositor. Sin embargo en el resto no sigue esa línea pues no hay nada de comedia ni en el personaje ni en el argumento, y el resto de la película es con música dramática y sentimental, hermosa pero menos interesante por lo convencional.

CUENTO DE INVIERNO

(WINTER'S TALE. AKIVA GOLDSMAN, 2014)

Ésta es una edulcorada película romántica y de fantasía ambientada en el Nueva York de finales del siglo XIX y en la actualidad, sobre un ladrón que conoce a la joven heredera de la casa que pretende robar y se enamora de ella. La banda sonora es mayoritariamente de Rupert Gregson-Williams, si bien el hermoso tema principal lo compuso Zimmer. Se trata de una creación generosa en dosis de dramatismo, lirismo y sobre todo romanticismo, que

contiene melodías delicadas y momentos apasionados, también música de misterio y un tono litúrgico muy cuidado.

DIRÉ TU NOMBRE

(THE LAST FACE. SEAN PENN, 2016)

La historia de amor entre Javier Bardem y Charlize Theron en medio de un sanguinario conflicto en África recibió doce interminables minutos de abucheos en el festival de Cannes y críticas devastadoras. Se acusó a la película —y no sin razón— de ser larga, confusa, autocomplaciente y sobre todo de banalizar el sufrimiento de las víctimas de la guerra poniendo al mismo nivel un romance de novela rosa. Las reflexiones con voz en *off* de los protagonistas y la música de Zimmer se acercan en demasía a *La delgada línea roja* (1998), filme en el que Sean Penn y el compositor participaron. Zimmer es aquí parte del problema, a pesar de sus mejores intenciones, pues su música aunque es bella intenta aportar un tono reflexivo y filosófico semejante al de la película de Malick aunque acaba resultando impostado y cansino. Es una de sus creaciones más desafortunadas, a pesar de contar con las voces de Eddie Vedder, Mary J. Blidge y Suki Waterhouse, pero también por la abundancia de temas preexistentes que conforman un conglomerado musical que, aunque estéticamente homogéneo, interfiere con el desarrollo dramático de su música: entre ellos «Tajabone», de Ismael Lo, que había sonado en *Todo sobre mi madre* (1999), de Pedro Almodóvar.

FIGURAS OCULTAS

(HIDDEN FIGURES. THEODORE MELFI, 2016)

La historia de las tres brillantes mujeres científicas afroamericanas que trabajaron en la NASA a comienzos de los años sesenta tuvo una banda sonora firmada por Zimmer, Benjamin Wallfisch y Pharrell Williams, que aportó canciones con aires de inicios de los años sesenta y que es quien, en realidad, más trabajo asumió. Se quiso evitar el tipo de música sinfónica a lo Aaron Copland y acercarse al soul y el góspel, para lo que se grabó con músicos afroamericanos encabezados por el legendario Herbie Hancock al piano. La banda sonora apoya la valía de las tres mujeres protagonistas con un tema principal sentimental sobre el que se estructura el conjunto de la creación, que incluye música afroamericana, voces y también temas ambientales varios.

REBUILDING PARADISE

(RON HOWARD, 2020)

Este documental explica los acontecimientos que sucedieron al devastador incendio forestal que tuvo lugar en la comunidad de Paradise, en California, el 8 de noviembre de 2018. Tras la completa destrucción llegó la titánica tarea de reconstrucción y Ron Howard dedica buena parte de la película a tributar a sus protagonistas, más allá de mostrar su dolor. La música de Zimmer, coescrita con Lorne Balfe, se dedica también a eso. Como ya hizo en *Llamaradas* (1991) el compositor da vida al fuego, a su poder y su peligro, pero también a sus consecuencias, con música dramática grave y desoladora, pero sin manierismos. No está hecha para gustar, sino precisamente para incomodar y hacer sentir a la audiencia lo que sintieron las víctimas de la catástrofe. En este contexto se inserta un tema musical, el principal, para poner luz y esperanza a la oscuridad y desolación, pero de modo sobrio pues el documental, y también la música, viene a señalar que la amenaza sigue y seguirá siempre latente.

IMPERDONABLE

(THE UNFORGIVABLE. NORA FINGSCHEIDT, 2021)

Este drama con suspense está protagonizado por Sandra Bullock en el papel de una mujer recién salida de prisión tras haber cumplido condena por haber cometido un asesinato y que busca reencontrarse con su hermana pequeña, ahora una adolescente. Zimmer hizo la música con David Fleming, con orquesta y electrónica. Durante buena parte de la película, la música, bastante opresiva y asfixiante, está claramente anclada en el pasado del personaje pero desde la perspectiva de su presente, representando bien la niebla que no permite ver ni siquiera intuir lo que verdaderamente sucedió, y que sólo ella sabe. Lo sabremos mucho más adelante, en un *flashback* revelador y sorprendente, pero hasta entonces la música alrededor de ella es misterio y también dolor. En un momento determinado, cuando entran en acción los hermanos del hombre que murió buscando venganza, la música entra también en acción, siguiendo los códigos usuales —y mucho menos interesantes— del suspense y la tensión. La resolución final despeja las nieblas musicales del pasado y abre un hermoso claro (también musical) que despeja el futuro para la protagonista.

EL HIJO

(THE SON. FLORIAN ZELLER, 2022)

El segundo largometraje como director del dramaturgo francés Florian Zeller, tras *El padre* (2020), aborda el tema de la depresión en la adolescencia y en el impacto que causa en los padres. Es una película dura, con abundantes diálogos, que recorre los territorios del dolor pero también del amor, y en la que la música de Zimmer, aunque es escasa (apenas unos veinte minutos) participa activamente en especial con el empleo de violines, viola y el violoncelo de Tina Guo. Salvo en una escena con el hijo y la madre juntos, el resto de sus apariciones lo son con el padre presente y casi siempre la música muestra su perspectiva, sus emociones, que son varias: el desconcierto, el vacío, la turbación pero también, y sobre todas ellas, el amor que siente por su hijo. Este amor se manifiesta en la forma de un bello y emotivo tema que aparece en un *flashback* donde revive un verano con su hijo siendo niño a bordo de una lancha en el mar, y que luego suena en otras secuencias manteniendo un delicado equilibrio —nada melodramático— entre el sufrimiento y la esperanza de curación, hasta una resolución también contenida pero muy bella.

¿ESTÁS AHÍ, DIOS? SOY YO, MARGARET

(ARE YOU THERE GOD? IT'S ME, MARGA-
RET.KELLY FREMON CRAIG, 2023)

Esta es una de las películas más recientes en las que ha trabajado Zimmer y curiosamente, a pesar del renombre del compositor, apenas es conocida. Se trata de una comedia sobre una niña que debe afrontar un cambio de hogar, nuevas relaciones y sobre todo su paso a la adolescencia. Todo ello explicado entrañablemente, con soltura e inteligencia, buenas actuaciones, buenos diálogos y también buena música, que retrotrae al Zimmer de sus comedias, con un retentivo tema principal muy empático que aparece en diversas ocasiones manteniendo en todo momento su energía y positividad. Una banda sonora breve, sencilla pero muy adecuada para el resto de la película.

ZIMMER EN TELEVISIÓN

La participación de Zimmer en televisión fue, durante buena parte de su carrera, puntual, hasta llegar a ser usual en estos últimos años. Sus creaciones incluyen telefilmes, series televisivas dramáticas y también documentales.

Primeros tanteos

Su primer trabajo para la pequeña pantalla fue un wéstern, *Caballos salvajes* (1985), telefilme protagonizado por Kenny Rogers como un campeón de rodeo en decadencia que se ha de enfrentar a la venta ilegal de caballos salvajes. La película tiene canciones country pero poco, salvo alguna referencia folk, hay del género en la música de Zimmer, hecha con sintetizadores. Es un antecedente de la música que escribiría para *Thelma y Louise* (1991). Otro Zimmer primario es el del *Evolución: experimento mortal* (1988), miniserie de tres episodios sobre un científico que lleva a cabo un experimento de fecundación *in vitro* de una gorila con esperma humano. Como resultado nace un ser híbrido que es entregado a una familia normal para su cuidado. Una historia bizarra que tuvo una banda sonora retro con un enérgico tema principal que fusionó ritmos ochenteros con étnica y voces.

Sin embargo, pareció como si las dos hubieran sido suficientes y decidiera no volver a la pequeña pantalla, pues Zimmer se ausentó 22 años de la televisión, salvo la escritura de algunos temas principales para series cuyas músicas hicieron otros o contados trabajos sin relevancia. Su carrera en el cine estaba ya en la cima cuando regresó por todo lo alto poniendo música a un escenario de guerra.

Tributo y honor

The Pacific (2010) miniserie televisiva de diez episodios en torno a las vivencias de tres soldados norteamericanos en el Pacífico durante la Segunda Guerra Mundial, fue hermana de otra serie de mucho éxito, *Hermanos de sangre* (2001), de los mismos productores, ambientada en Normandía. La música, muy celebrada, era de Michael Kamen. Zimmer, junto a Blake Neely y Geoff Zanelli cooperaron —sin que se discierna cuál fue la aportación de cada uno de ellos— en la creación de una banda sonora sinfónica de casi nueve horas de duración. En consonancia con el tono de la serie, tiene puntos en común con la música de Kamen y también con *La delgada línea roja* (1998) e incluso con reminiscencias de la banda sonora de John Williams para *Salvar al soldado Ryan* (1998), de Steven Spielberg. Es solemne, conmovedora, dramática y por supuesto también patriótica. Se destacan dos grandes temas: el principal, sobrio y contenido, con trompa con sordina, y un segundo que suena sobre los títulos finales y es más esperanzador y optimista. El resto de la banda sonora contiene músicas lamentativas para tributar las vidas perdidas en ambos bandos y también temas muy dramáticos, devastadores, que enfatizan el horror de la guerra. Pero en las escenas de combate no hay música y son los efectos de sonido lo único que se escucha, tal y como se hizo en la película de Spielberg.

La historia más grande jamás contada

Zimmer cambió los escenarios de guerra por los bíblicos en *La Biblia* (2013), miniserie de diez episodios que abarca desde Noé hasta la crucifixión de Cristo. La música, coescrita con Lorne Balfe y con participación destacada de Lisa Gerrard, es espiritual y de gran belleza, amplia y variada en temas, entre los que sobresalen tres: un himno para celebrar la creación, uno romántico para la Natividad y sobre todos ellos el de la fe, que se manifiesta como identidad principal musical de la serie, una música celestial a la que la voz de Lisa Gerrard eleva a sus máximos de emotividad. Curiosamente, Balfe y Zimmer extenderían al año siguiente su *colaboración* con la Biblia por partida doble: con una película (no televisiva) titulada *Hijo de Dios* (2014), donde mantuvieron el mismo tipo de música espiritual, y con un documental (sí televisivo) titulado *Women of the Bible* (2014). Lisa Gerrard estuvo en la primera de éstas.

La miniserie de tres episodios *Hijos de la libertad* (2015) gira en torno a la historia de un grupo de hombres que lucharon en las colonias americanas por la libertad, para construir los Estados Unidos de América. Zimmer colaboró nuevamente con Balfe y la música se desarrolla en lo épico, la acción y también lo elegíaco y lo dramático, todo con intensidad pero que es en su conjunto dispersa y sin rumbo definido.

Una Tierra, muchos mundos

Tras ella, al año siguiente, Zimmer comenzó unas colaboraciones con la británica BBC, que se mantienen hasta ahora y que supone su período de mayor actividad en el medio televisivo: las series documentales sobre nuestro mundo, comenzando por *Planeta Tierra II* (2016), secuela de *Planeta Tierra* (2006), que tuvo espléndida música de George Fenton. Fue asumida por Zimmer a través de su compañía *Bleeding Fingers*, y participaron compositores emergentes bajo su tutela: en esta en particular Jasha Klebe y Jacon Shea, aunque Zimmer asumió el tema principal, lo más destacable. Es una creación extensa con temas bellos que contribuyen a incorporar una perspectiva evocadora o incluso mística (en particular, los temas con referencias o instrumentaciones étnicas), pero también hay música ambiental, de relleno. Luego vino *Planeta azul II* (2017), secuela de la serie de 1990 sobre los océanos. Shea y Klebe repitieron y se sumó David Fleming para aportar, junto a Zimmer, una nueva colección de temas musicales adecuados para embellecer las imágenes mostradas y hacer descripciones de la vida animal. Y tras ellas y por su éxito, llegaron más: *Siete mundos, un planeta* (2019), *Great Bear Rainforest* (2019), *Planet Earth: A Celebration* (2020), *Planeta helado II* (2022), *Artic: Our Frozen Planet* (2023) y *Planeta Tierra III* (2023). Se llegó incluso a ampliar el espectro viajando al pasado más remoto en *Planeta prehistórico* (2022), de dos temporadas. Todas tuvieron el mismo patrón musical y en ellas participaron distintos jóvenes compositores de *Bleeding Fingers*.

Thrillers y dramas

Volviendo a la la ficción, Zimmer ha participado en dos series más. La primera es *The Calling* (2022), ocho episodios de investigación criminal con un detective de profundo sentido espiritual. La música la firmó con Steve Mazzaro y sigue los patrones usuales del género, con temas para la tensión y el suspense, así como un oscuro tema principal —de Zimmer—, hecho con electrónica, que se muestra en créditos finales. La segunda es una serie canadiense, *La noche que Logan despertó* (2022), con la historia de tres amigos cuyas vidas se ven destrozadas cuando uno comete una violación. Dirigida por el joven y exitoso actor y director Xavier Dolan, Zimmer compuso un tema principal muy destacado y junto a David Fleming músicas para el misterio y lo dramático. La presencia de canciones preexistentes son un obstáculo, de todos modos, para que la música original consolide su espacio.

The Pacific

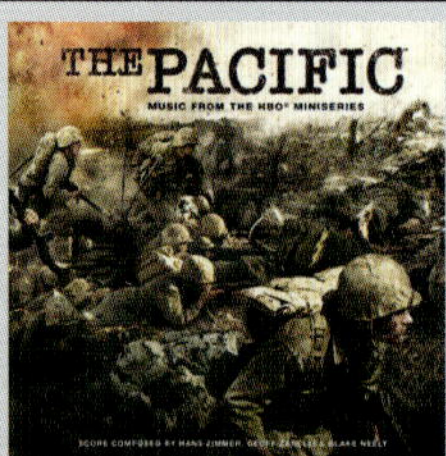

La Biblia

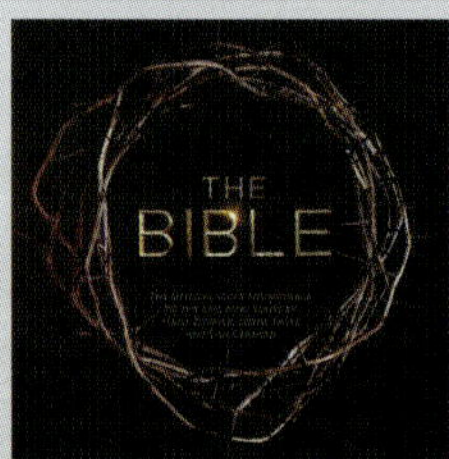

Hijo de Dios

Planeta Tierra II

Planeta azul II

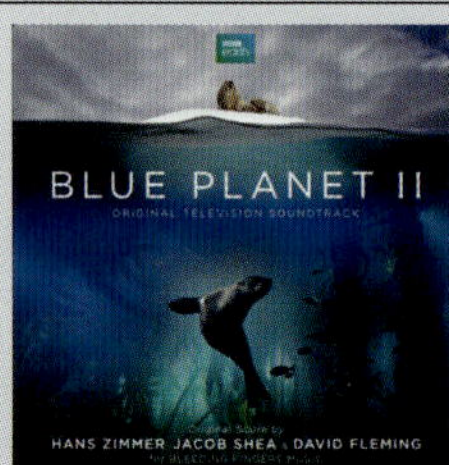

La noche que Logan despertó

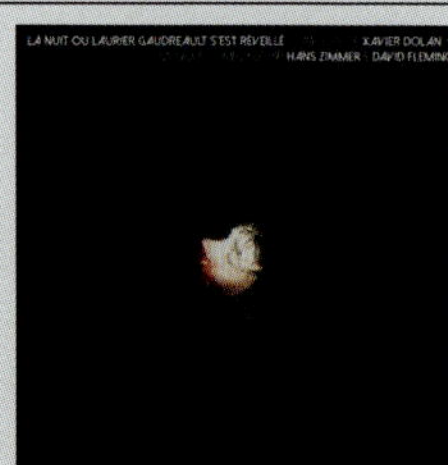

SUS PRINCIPALES COLABORADORES

Aparte de quienes han asistido a Zimmer escribiendo música adicional o compartiendo los créditos principales, hay multitud de colaboradores en su carrera: instrumentistas, cantantes, orquestadores o directores de orquesta. Éstos son algunos de ellos:

Su mentora

Shirley Walker (1945-2006) Nacida en Napa, California. Compositora de prestigio en el medio televisivo y mentora de otros compositores, tuvo mucha influencia en el desarrollo y mejora del lenguaje orquestal de Zimmer. Comenzó a colaborar con él en *Black Rain* (1989) y trabajaron juntos hasta 1994, en un total de dieciséis títulos. Su cometido principal consistió en optimizar las ideas de Zimmer en cuanto a orquestación, y gracias a ella se pudieron afrontar las diferentes partituras orquestales de los inicios de su carrera en Hollywood. Fue una ayuda competente y sin prejuicios en cuanto a las deficiencias académicas de Zimmer: «fue genial tener a Shirley mandándome», recordaría el compositor, que también reconoció su trabajo y dedicación en favor de los derechos de los compositores en Hollywood.

Cantantes e intérpretes

Lisa Gerrard (1961). Nacida en Melbourne (Australia), es la integrante principal del grupo *Dead Can Dance*, en activo desde 1981. Con este grupo debutó en el cine componiendo la banda sonora de la película española *El niño de la Luna* (1989), de Agustí Villaronga. Como compositora ha tenido tres nominaciones consecutivas a los Globos de Oro: *El dilema* (1999), *Gladiator* (2000) —junto a Zimmer— y *Ali* (2001), la primera y tercera junto al también australiano Pieter Bourke y con *Gladiator* ganó el premio. Como cantante posee el registro de una contralto, si bien puede alcanzar el de mezzosoprano. Su voz ha sonado en *Gladiator*, su primera colaboración con Zimmer, también en la serie televisiva *La Biblia* (2013) o en *Dune* (2021), entre otras.

Lebo M. (1964). De nombre real Lebohang Morake, nació en Soweto (Sudáfrica). Durante el *apartheid* se exilió a Estados Unidos, hasta que cinco años después del fin del conflicto regresó a su ciudad natal. Comenzó a trabajar con Hans Zimmer en *El poder de uno* (1992) y con *El Rey León* (1994) alcanzó fama mundial y el mayor hito de su carrera. Desde entonces es una presencia regular en los conciertos del compositor por todo el mundo.

Tina Guo (1985). Violoncelista e intérprete de *erhu* nacida en Shanghái (China), de padres chinos, pero viviendo en Estados Unidos desde los cinco años. Ha tocado en conciertos por todo el mundo y en el cine en multitud de películas y videojuegos con distintos compositores. Con Zimmer comenzó en *Sherlock Holmes* (2009) y ha extendido su colaboración a una docena de proyectos con él: *Origen* (2010), *Rango* (2011), *El Rey León* (2019) o *Dune* (2021), en este filme tocando el violoncelo eléctrico, son algunas de ellas.

Pedro Eustache (1959). Nacido en Caracas (Venezuela), toca más de quinientos instrumentos de viento. Sus trabajos con el célebre compositor y director de orquesta griego Yanni le han proporcionado un gran éxito mundial y también ha participado en grabaciones de artistas como Paul McCartney, Ravi Shankar, Dave Grusin o Don Henley, entre otros. En cine, ha trabajado en casi un centenar de películas, algunas tan célebres como *La Pasión de Cristo* (2004) o *Múnich* (2005), para John Debney y John Williams respectivamente. Con Zimmer trabaja desde *Piratas del Caribe: en el fin del mundo* (2007) y desde ese filme lo ha vuelto a hacer en más de diez películas.

Guthrie Govan (1971). Nacido en Chelmsford (Reino Unido), es uno de los guitarristas más conocidos en la actualidad. Ha tocado con bandas como Asia, GPS, The Young Punx, The Fellowship y The Aristocrats. Es uno de los guitarristas más virtuosos de la actualidad. Con Zimmer empezó a colaborar en *El bebé jefazo* (2017) y ha seguido —también con la guitarra eléctrica— en casi una decena de filmes.

Directores de orquesta

Gavin Greenaway (1964). Está con Zimmer como orquestador desde *Más allá de Rangún* (1995) y dirigiendo la orquesta en las grabaciones desde *El pacificador* (1997). Suma más de cuarenta colaboraciones principalmente en este último ámbito. Hijo del cantante Roger Greenaway, nació en Londres y trabaja también en música para videojuegos. También ha colaborado con Patrick Doyle, John Powell o Alan Menken.

Nick Glennie-Smith (1951). Reconocido compositor surgido de Remote Control que ha firmado sus propias bandas sonoras, algunas en colaboración con Zimmer y también escribiendo música adicional y orquestando. Su faceta como director de orquesta arrancó con Zimmer en *Aprendiendo a vivir* (1994) —que también orquestó— y totaliza una treintena de películas.

Orquestadores:

Bruce Fowler (1947). Renombrado trombonista que ha tocado con músicos tan notables como Woody Herman, Buddy Rich, Frank Zappa, Toshiko Akiyoshi y Don Van Vliet. También compositor, orquestador y director de orquesta, comenzó a trabajar con Zimmer en *Dos pájaros a tiro* (1990) y su colaboración sigue activa, sumando un total de noventa trabajos en diversos ámbitos, pero especialmente como orquestador. También ha colaborado con Alan Silvestri, Danny Elfman, John Williams, Randy Newman, John Powell o Jerry Goldsmith, entre otros compositores.

Walt Fowler (1955). Hermano de Bruce. Más de cuarenta colaboraciones como orquestador y como trompetista. Tocó el instrumento en *De repente, un extraño* (1990) y lo volvió a hacer en más filmes: *Llamaradas* (1991), *El Rey León* (1994) o *Pearl Harbor* (2001), entre otros. Comenzó su carrera como trompetista a los 19 años, cuando se unió a Frank Zappa en 1974. En 1975, formó con sus cuatro hermanos The Fowler Brothers Band, que publicó dos álbumes de jazz con gran éxito de crítica. Su carrera musical siguió escalando y realizó giras con destacados artistas como Billy Cobham, Johnny Guitar Watson, Ray Charles, Buddy Rich, George Benson y Diana Ross. A mediados de la década de los noventa comenzó a orquestar bandas sonoras de cine.

Yvonne Suzette Moriarty. Trompista y orquestadora. Más de cincuenta trabajos con Zimmer, en una colaboración que comenzó en *Black Rain* (1989) como intérprete del instrumento y que enseguida amplió siendo también orquestadora bien principal o bien asistente.

Ladd McIntosh (1941). Más de cuarenta colaboraciones con Zimmer como orquestador desde *Ellas dan el golpe* (1992). También es compositor y maestro de jazz, arreglista, editor musical y líder de *big band*.

Elizabeth Finch. Ha trabajado desde 1976 como copista musical y orquestadora en Los Ángeles con muchos de los arreglistas y compositores más conocidos en televisión, cine, grabaciones, *jingles* y presentaciones en vivo. Es además trompista. Algo de qué hablar (1995) fue su primer contacto con Zimmer, y desde entonces han colaborado en más de una veintena de películas.

Kevin Kaska (1972). Compositor, arreglista y orquestador, es de los pocos de su generación cuya música orquestal ha sido dirigida en concierto por el mismísimo John Williams. Tiene un récord Guiness: en julio de 2008 estrenó en Ámsterdam un concierto para 232 arpas. Con Zimmer comenzó a trabajar en *El caballero oscuro* (2008) y a partir de ella en una veintena de títulos.

Òscar Senen. Originario de Vinaroz (Castellón), sus comienzos fueron en el cine español, principalmente ayudando a Arnau Bataller, hasta que con *Los pingüinos de Madagascar* (2014), cuya música es de Lorne Balfe, dio el salto a Hollywood y desde entonces su carrera como orquestador está llena de éxitos. Con Zimmer empezó en la serie televisiva *Hijos de la libertad* (2015) y se ha extendido en una docena de proyectos, que alterna con otras producciones estadounidenses y también españolas.

Joan Martorell. Mallorquín, es un compositor, orquestador y director de orquesta muy activo en el cine español, y en el internacional colabora con, entre otros, Lorne Balfe, Ruper Gregson-Williams, Harry Gregson-Williams o Heitor Pereira. Con Zimmer está, desde *Kung Fu Panda 3* (2016), en casi una decena de títulos, codo a codo con Òscar Senen.

FILMOGRAFÍA

A continuación listamos todos los trabajos de cine y televisión con música de Hans Zimmer. Cuando no es el compositor principal o cuando es coautor, se indica. También se indica si no es largometraje de ficción la categoría, el género, así como los autores de música adicional si la hubiera.

1982

Superhero (Dir: Martin Holland. RU) (cortometraje)
Moonlighting (Trabajo clandestino. Dir: Jerzy Skolimowski. RU)
Género: dramático
Música: Stanley Myers (compositor), Hans Zimmer (música adicional)

1983

Eureka (Dir: Nicolas Roeg. RU)
Género: dramático/suspense
Música: Stanley Myers (compositor), Hans Zimmer (música adicional)

1984

Success Is The Best Revenge (El éxito es la mejor venganza. Dir: Jerzy Skolimowski. RU)
Género: dramático
Música: Stanley Myers y Hans Zimmer (compositores)
Histoire d'O: Chapitre 2 (Historia de O. II parte. Dir: Éric Rochat. Francia)
Género: erótico
Música: Stanley Myers (compositor), Hans Zimmer (música adicional)

1985

Insignificance (Insignificancia. Dir: Nicolas Roeg. RU)
Género: dramático/comedia
Música: Stanley Myers y Hans Zimmer (compositores)
My Beautiful Laundrette (Mi hermosa lavandería. Dir: Stephen Frears. RU)
Género: dramático/comedia
Música: Stanley Myers y Hans Zimmer (compositores)

Wild Horses (Caballos salvajes. Dir: Dick Lowry. EE. UU.) (TV)
Género: wéstern

1986

The Zero Boys (Los Zero Boys. Dir: Nico Mastorakis. EE. UU.)
Género: acción/suspense
Música: Stanley Myers y Hans Zimmer (compositores)
Separate Vacations (Vacaciones separadas. Dir: Michael Anderson. EE. UU.)
Género: comedia
Música: Stanley Myers y Hans Zimmer (compositores)
The Wind (El viento. Dir: Nico Mastorakis. EE. UU.)
Género: suspense
Música: Stanley Myers y Hans Zimmer (compositores)
Vardo (Dir: Matthew Jacobs. RU) (cortometraje)
Castaway (Robinson Crusoe por un año. Dir: Nicolas Roeg. RU)
Género: dramático
Música: Stanley Myers (compositor), Hans
Zimmer y Barry Guy (música adicional)

1987

Terminal Exposure (Dir: Nico Mastorakis. EE. UU.)
Género: comedia
Música: Mel Wesson y Roger Bolton (música adicional)
Going for Gold (RU) (TV)
Elphida (Dir: Tunde Ikoli. RU) (TV)
Género: dramático

1988

The Nature of the Beast (Dir: Franco Rosso. RU)
Género: dramático
Música: Stanley Myers y Hans Zimmer (compositores)
Taffin (Dir: Francis Megahy. RU)
Género: acción/suspense
Música: Stanley Myers y Hans Zimmer (compositores)
A World Apart (Un mundo aparte. Dir: Chris Menges. RU)
Género: dramático

Nightmare at Noon (Pesadilla en Canyonland.
Dir: Nico Mastorakis. EE. UU.)
Género: acción
Música: Stanley Myers y Hans Zimmer (compositores)
Paperhouse (La casa de papel. Dir: Bernard Rose. RU)
Género: dramático
Música: Stanley Myers y Hans Zimmer (compositores)
Burning Secret (Secreto en llamas. Dir: Andrew Birkin. RU)
Género: dramático
The Fruit Machine (Dir: Philip Saville. RU)
Género: dramático
Música: Fiachra Trench (música adicional)
First Born (Evolución: experimento mortal. RU) (Serie TV)
Género: dramático/ciencia ficción
Rain Man (Barry Levinson. EE. UU.)
Género: dramático
Premios: Óscar (candidato)
Prisoner of Rio (Prisionero de Río. Dir: Lech Majewski. RU)
Género: suspense/dramático
Música: Luiz Bonfá (compositor), Hans Zimmer (música adicional)

1989

Comeback (Dir: David Ambrose, RU) (TV)
Twister (Dir: Michael Almereyda. EE. UU.)
Género: comedia/dramático
Black Rain (Dir: Ridley Scott. EE. UU.)
Género: dramático
Diamond Skulls (Cuerpo de élite. Dir: Nick Broomfield. RU)
Género: suspense
Música: Gerry Butler (música adicional)
Driving Miss Daisy (Paseando a Miss Daisy. Dir: Bruce Beresford. EE. UU.)
Género: comedia/dramático
Premios: Grammy (candidato)

1990

Arcadia (Dir.: Paul Bamborough. RU) (cortometraje)

Chicago Joe And The Showgirl (El gánster y la corista. Dir: Bernard Rose. RU)
Género: dramático/suspense
Música: Shirley Walker y Hans Zimmer (compositores),
Billy Goldenberg (música adicional)
To The Moon, Alice (Dir.: Jessie Nelson. EE. UU.) (cortometraje)
Género: dramático
Música: Joe Romano y Jonathan Sheffer (música adicional)
Bird on a Wire (Dos pájaros a tiro. Dir: John Badham. EE. UU.)
Género: acción/comedia
Fools of Fortune (Un tiempo pasado. Dir: Pat O'Connor. RU)
Género: dramático
Days of Thunder (Días de trueno. Dir: Tony Scott)
Género: acción/dramático
Música: Mark Mancina (música adicional)
Pacific Heights (De repente, un extraño. Dir: John Schlesinger. EE. UU.)
Género: *thriller*
Música: Shirley Walker (música adicional)
Green Card (Matrimonio de conveniencia. Dir: Peter Weir. EE. UU.)
Género: comedia

1991

Thelma & Louise (Thelma y Louise. Dir: Ridley Scott. EE. UU.)
Género: dramático
Música: John Van Tongeren (música adicional)
Premios: Bafta (candidato)
Backdraft (Llamaradas. Dir: Ron Howard. EE. UU.)
Género: dramático
White Fang (Colmillo blanco. Dir: Randal Kleiser. EE. UU.)
Género: aventura
Música: Basil Poledouris y Hans Zimmer (compositores),
Fiachra Trench y Shirley Walker (música adicional)
Regarding Henry (A propósito de Henry. Dir: Mike Nichols. EE. UU.)
Género: dramático
K2 (Dir: Frank Roddam. EE. UU.)
Género: dramático / acción

Música: Chaz Jankel (compositor), Hans Zimmer (compositor versión europea), Nick Glennie- Smith (música adicional)
Where Sleeping Dogs Lie (Confesión criminal. Dir: Charles Finch. EE. UU.)
Género: suspense
Música: Hans Zimmer y Mark Mancina (compositores)

1992

Spies Inc. (Tres espías y medio. Dir: Anthony Thomas. EE. UU.)
Género: Aventura/comedia
Música: Hans Zimmer y Fiachra Trench (compositores)
Radio Flyer (La fuerza de la ilusión. Dir: Richard Donner. EE. UU.)
Género: dramático/aventura
The Power of One (La fuerza de uno. Dir: John G. Avildsen. EE. UU.)
Género: dramático
A League of Their Own (Ellas dan el golpe. Penny Marshall. EE. UU.)
Género: comedia/deportivo
Música: Alex Wurman (música adicional)
Toys (Toys, fabricando ilusiones. Dir: Barry Levinson. EE. UU.)
Género: comedia
Música: Hans Zimmer y Trevor Horn (compositores), Jeff Rona (música adicional)
Sniper (En el corazón de la jungla. Luis Llosa. EE. UU.)
Género: acción
Música: Gary Chang (compositor), Hans Zimmer y Mark Mancina (música adicional)
Millennium - Tribal Wisdom And The Modern World (Canadá) (documental TV)
Música: John Van Tongeren y Mark Mancina (compositores), Hans Zimmer (compositor tema principal)

1993

Point of No Return (La asesina. Dir: John Badham. EE. UU.)
Género: acción/dramático
Música: Nick Glennie-Smith (música adicional)
Younger and Younger (Dir: Percy Adlon. EE. UU.)
Género: comedia

Música: Michael Glenn Williams, Alex Wurman
y Jeff Rona (música adicional)
Calendar Girl (La chica del calendario. Dir: John Whitesell. EE. UU.)
Género: comedia
Música: Nick Glennie-Smith (música adicional)
True Romance (Amor a quemarropa. Dir: Tony Scott. EE. UU.)
Género: acción/dramático
Música: Mark Mancina y John Van Tongeren (música adicional)
Cool Runnings (Elegidos para el triunfo. Dir: John Turteltaub. EE. UU.)
Género: comedia/deportivo
Música: Nick Glennie-Smith (música adicional)
The House of the Spirits (La casa de los espíritus. Dir: Bille August. Alemania)
Género: dramático
Space Rangers (EE. UU.) (Serie TV)
Género: acción/ciencia ficción
Música: Hans Zimmer, Mark Mancina y John Van Tongeren (compositores)
Lifepod (Náufragos del espacio. Dir: Ron Silver. EE. UU.) (TV)
Género: ciencia ficción
Música: Mark Mancina (compositor),
Hans Zimmer (compositor tema principal)

1994

I'll Do Anything (Aprendiendo a vivir. Dir: James L. Brooks. EE. UU.)
Género: comedia romántica
Renaissance Man (Un poeta entre reclutas. Dir: Penny Marshall. EE. UU.)
Género: comedia
Música: Bruce Fowler, Nick Glennie-Smith, Michael
Roth y John Van Tongeren (música adicional)
The Lion King (El rey león. Dir: Bob Minkoff, Roger Allers. EE. UU.)
Género: animación
Canciones: Elton John (compositor) Tim Rice (letras)
Música: Mark Mancina, Alex Wuran y Nick
Glennie-Smith (música adicional)
Premios: Óscar, Globos de Oro y Grammy (ganador), Bafta (candidato)

Drop Zone (Salto al peligro. Dir: John Badham. EE. UU.)
Género: acción
Música: Nick Glennie-Smith y John Van Tongeren (música adicional)
The Critic (El crítico. EE. UU.) (serie TV)
Género: comedia/animación
Música: Alf Clausen y Jeff Rona (compositores), Hans Zimmer (compositor tema principal y música adicional)
Monkey Trouble (Un ladrón de cuatro manos. Dir: Franco Amurri. EE. UU.)
Género: comedia
Música: Mark Mancina (compositor) Hans Zimmer, Nick Glennie-Smith, Howard Drossin, Brett Newman y John Van Tongeren (música adicional)

1995

Crimson Tide (Marea roja. Dir: Tony Scott. EE. UU.)
Género: acción/dramático
Premios: Grammy (ganador)
Beyond Rangoon (Más allá de Rangún. Dir: John Boorman. RU)
Género: dramático
Música: Nick Glennie-Smith y Richard Harvey (música adicional)
Nine Months (Nueve meses. Dir: Chris Columbus. EE. UU.)
Género: comedia romántica
Música: Nick Glennie-Smith (música adicional)
Something To Talk About (Algo de qué hablar. Dir: Lasse Hallström.EE.UU.)
Género: comedia romántica
Música: Hans Zimmer y Graham Preskett (compositores)
Two Deaths (Dos muertes. Dir: Nicolas Roeg. RU)
Género: dramático

1996

Muppet Treasure Island (Los Teleñecos en la isla del tesoro. Dir: Brian Henson. EE. UU.)
Género: acción/comedia
Canciones: Barry Mann y Cythia Weil.
The Whole Wide World (El que caminaba solo. Dir: Dan Ireland. EE. UU.)
Género: dramático
Música: Harry Gregson-Williams y Hans Zimmer (compositores)

Broken Arrow (Alarma nuclear. Dir: John Woo. EE. UU.)
Género: acción/*thriller*
Música: Harry Gregson-Williams y Don Harper (música adicional)
The Rock (La Roca. Dir: Michael Bay. EE. UU.)
Género: dramático/acción
Música: Nick Glennie-Smith y Hans Zimmer (compositores), Harry Gregson- Williams, Don Harper, Craig Braginsky y Steven M. Stern (música adicional)
The Fan (Fanático. Dir: Tony Scott. EE. UU.)
Género: *thriller*
Música: Jeff Rona (música adicional)
Muppet Treasure Island (EE. UU.) (videojuego)
Música: Nathan Wang y Hans Zimmer (compositores)
The Preacher's Wife (La mujer del predicador. Dir: Penny Marshall. EE. UU.)
Género: dramático/fantasía
Música: Bruce Fowler y Nick Glennie-Smith (música adicional)
Premios: Óscar (candidato)
High Incident (Patrulla de asfalto. EE. UU.) (serie TV)
Género: acción/dramático
Música: John Powell, Christopher Tyng y Jeff Rona (compositores), Hans Zimmer (compositor tema principal)

1997

Smilla's Sense of Snow (Smila: misterio en la nieve. Dir: Bille August. Dinamarca)
Género: dramático/suspense
Música: Harry Gregson-Williams y Hans Zimmer (compositores), Nick Glennie-Smith y Steve Jablonsky (música adicional)
The Peacemaker (El pacificador. Dir: Mimi Leder. EE. UU.)
Género: acción/*thriller*
As Good as It Gets (Mejor... imposible. Dir: James L. Brooks. EE. UU.)
Género: comedia romántica
Premios: Óscar (candidato)

1998

The Last Days (Dir: James Moll. EE. UU.)
Género: documental
Música: Nathan Wang (música adicional)

The Prince of Egypt (El príncipe de Egipto. Dir: Brenda Chapman, Steve Hickner, Simon Wells. EE. UU.)
Género: animación
Canciones: Stephen Schwartz
Música: Rupert Gregson-Williams, Harry Gregson-Williams y Klaus Badelt (música adicional)
Premios: Óscar y Globos de Oro (candidato)

The Thin Red Line (La delgada línea roja. Dir: Terrence Malick. EE. UU.)
Género: dramático
Música: Francesco Lupica y John Powell (música adicional)
Premios: Óscar (candidato)

1999

Chill Factor (Dir: Hugh Johnson. EE. UU.)
Género: acción/comedia
Música: Hans Zimmer y John Powell (compositores), Klaus Badelt, James S. Levine, James McKee Smith, Jeff Rona y Geoff Zanelli (música adicional).

2000

The Road to El Dorado (La ruta hacia El Dorado. Dir: Bibo Bergeron, Will Finn, Don Paul, David Silverman. EE. UU.)
Género: animación
Música: Hans Zimmer y John Powell (compositores), Klaus Badelt, Geoff Zanelli, James McKee Smith y Gavin Greenaway (música adicional)

Gladiator (Dir: Ridley Scott. EE. UU.)
Género: acción/dramático
Música: Lisa Gerrard y Hans Zimmer (compositores), Klaus Badelt y Jeff Rona (música adicional)
Premios: Globo de Oro (ganador), Óscar, Bafta y Grammy (candidato)

Mission Impossible II (Misión: Imposible 2. Dir: John Woo)
Género: acción
Música: Klaus Badelt y Heitor Pereira (música adicional)

HBO First Look (EE. UU.) (TV) (solo un episodio)
An Everlasting Piece (Agarrados por los pelos.
Dir: Barry Levinson. EE. UU.)
Género: comedia
Música: Craig Eastman, Richard Cook, Max Hoetzel, Davey Johnstone, Barry Levinson, Martin Tillman, Dave Raven, Jeff Rona, Heitor Pereira y Patrick Cassidy (música adicional)
What About Joan (Joan. EE. UU.) (Serie TV)
Género: comedia
Música: James E. Levine (compositor),
Hans Zimmer (compositor tema principal)

2001

The Pledge (El juramento. Dir: Sean Penn. EE. UU.)
Género: *thriller*
Música: Hans Zimmer y Klaus Badelt (compositores), Michael Brook, Craig Eastman, Heitor Pereira y Martin Tillman (música adicional)
Hannibal (Dir: Ridley Scott. EE. UU.)
Género: *thriller*
Pearl Harbor (Dir: Michael Bay)
Género: acción/dramático
Música: Fiachra Trench, Geoff Zanelli, Martin Tillman, Christopher Ward, James S. Levine, Steve Jablonsky y Klaus Badelt (música adicional)
Premios: Grammy (candidato)
Die Motorrad-Cops - Hart Am Limit (Alemania) (serie TV)
Género: *thriller*/acción
Música: Hans Zimmer, Matthias Weber, Justin Caine Burnett, James S. Levine y Geoff Zanelli (compositores)
Invincible (Invencible. Dir: Werner Herzog. RU)
Género: dramático
Música: Klaus Badelt y Hans Zimmer (compositores)
Riding in Cars with Boys (Los chicos de mi vida Dir: Penny Marshall. EE. UU.)
Género: comedia
Música: Heitor Pereira y Hans Zimmer (compositores)

Black Hawk Down (Black Hawk derribado. Dir: Ridley Scott. EE. UU.)
Género: dramático
Música: Michael Brook, Martin Tillman, Jeff Rona, Heitor Pereira, Tobias Enhus y Craig Eastman (música adicional)

2002

Spirit: Stallion of the Cimarron (Spirit: el corcel indomable. Dir: Kelly Asbury, Lorna Cook. EE. UU.)
Género: animación
Canciones: Bryan Adams
Música: Steve Jablonsky, Heitor Pereira, Mel Wesson y Gavin Greenaway (música adicional)
The Ring (La señal. Dir: Gore Verbinski. EE. UU.)
Género: horror
Música: Martin Tillman, Henning Lohner, Bill Fulton y James Dooley (música adicional)

2003

Tears of the Sun (Lágrimas del Sol. Dir: Antoine Fuqua. EE. UU.)
Género: acción/dramático
Matchstick Men (Los impostores. Dir: Ridley Scott. EE. UU.)
Género: comedia
Música: Geoff Zannelli (música adicional)
The Last Samurai (El último samurái. Dir: Edward Zwick. EE. UU.)
Género: acción/dramático
Música: Geoff Zannelli, Trevor Morris y Blake Neely (música adicional)
Premios: Globo de Oro (candidato)
Something's Gotta Give (Cuando menos te lo esperas. Dir: Nancy Meyers. EE. UU.)
Género: comedia romántica
Música: Christopher Young, Trevor Morris, Heitor Pereira, Blake Neely, James S. Levine, James Dooley y Ramin Djawadi (música adicional)
Threat Matrix (EE. UU.) (serie TV)
Género: suspense
Música: Steve Jablonsky (compositor), Hans Zimmer (compositor tema principal)

Johnny English (Dir: Peter Howitt. Reino Unido)
Género: comedia
Música: Edward Shearmur (compositor), Hans Zimmer y Robbie Williams (compositores canción «A Man For All Season»)

2004

King Arthur (El rey Arturo. Dir: Antoine Fuqua. EE. UU.)
Género: acción/dramático
Música: Maire Brennan, Nick Glennie- Smith, Rupert Gregson-Williams, Trevor Morris, Blake Neely y Steve Jablonsky (música adicional)
Thunderbirds (Dir: Jonathan Frakes. EE. UU.)
Género: acción
Música: Ramin Djawadi y James Dooley (música adicional)
Shark Tale (El espantatiburones. Dir: Vicky Jenson, Bibo Bergeron, Rob Letterman. EE. UU.)
Género: animación
Música: Junkie XL, Trevor Morris y Geoff Zanelli (música adicional)
Lauras Stern (La estrella de Laura. Piet De Rycker, Thilo Rothkirch. Alemania)
Género: animación
Música: Hans Zimmer, Henning Lohner y Nick Glennie-Smith (compositores), Lorne Balfe y Dieter Müller (música adicional)
Spanglish (Dir: James L. Brooks. EE. UU.)
Género: comedia
Música: Kazimir Boyle, Trevor Morris y Heitor Pereira (música adicional)
Premios: Globo de Oro (candidato)

2005

Madagascar (Dir: Eric Darnell, Tom McGrath. EE. UU.)
Género: animación
Música: Ryeland Allison, Stephen Barton, James Dooley, Junie XL, James Mckee Smith, Heitor Pereira y James S. Levine (música adicional)
Batman Begins (Dir: Christopher Nolan. EE. UU.)
Género: acción
Música: James Newton Howard y Hans Zimmer (compositores), Mel Wesson y Ramin Djawadi (música adicional)

Der kleine Eisbär 2: Die geheimnisvolle Insel (El osito polar: la isla misteriosa. Dir: Piet De Rycker, Thilo Rothkirch. Alemania)
Género: animación
Música: Nick Glennie-Smith y Hans Zimmer (compositores)
The Weather Man (El hombre del tiempo. Dir: Gore Verbinski. EE. UU.)
Género: comedia
Música: Hans Zimmer y James S. Levine (compositores), David Baerwald y Clay Duncan (música adicional)

2006

The Da Vinci Code (El código Da Vinci. Dir: Ron Howard. EE. UU.)
Género: *thriller*
Música: Richard Harvey, Lorney Balfe, Blake Neely, Nick Glennie-Smith y James Dooley (música adicional)
Premios: Globo de Oro y Grammy (candidato)
Pirates of the Caribbean: Dead Man's Chest (Piratas del Caribe: El cofre del hombre muerto. Dir: Gore Verbinski. EE. UU.)
Género: comedia/acción
Música: Lorne Balfe, Klaus Badelt, Bert Hendrickson, Tom Gire, Nick Glennie-Smith, Henry Jackman, Trevor Morris, John Sponsler y Geoff Zanelli (música adicional)
Premios: Grammy (nominación)
French Bomber Detective (Dir: Spicy Mac. EE. UU.) (cortometraje)
Género: comedia/*thriller*
Música: Spicy Mac, Raphaello y Hans Zimmer (compositores)
The Holiday (Dir: Nancy Meyers. EE. UU.)
Género: comedia romántica
Música: Ryeland Allison, Henry Jackman, Heitor Pereira, Lorne Balfe y Atli örvarsson (música adicional)

2007

Pirates of the Caribbean: At World's End (Piratas del Caribe: En el fin del mundo. Dir: Gore Verbinski. EE. UU.)
Género: aventura/acción
Música: Lorne Balfe, Heitor Pereira, Henry Jackman, Tom Gire, Nick Glennie-Smith, Atli Örvarsson, Geoff Zanelli (música adicional)

The Simpsons Movie (Los Simpson: la película.
Dir: David Silverman. EE. UU.)
Género: animación
Música: Steve Bartek, Heitor Pereira, Michael A.
Levine, Henry Jackman, Lorne Balfe, James Dooley, Atli
Örvarsson y Ryeland Allison (música adicional)

2008

Casi Divas (Dir: Issa López. EE. UU.)
Género: musical/comedia
Música: Ryeland Allison, Heitor Pereira y Lorne Balfe (música adicional)
Kung Fu Panda (Dir: Mark Osborne, John Stevenson. EE. UU.)
Género: animación
Música: John Powell y Hans Zimmer (compositores), Henry
Jackman y James McKee Smith (música adicional)
The Dark Knight (El caballero oscuro. Dir: Christopher Nolan. EE. UU.)
Género: acción/dramático
Música: James Newton Howard y Hans Zimmer (compositores),
Lorne Balfe y Craig Braginsky (música adicional)
Premios: Grammy (ganador), Bafta (candidato)
The Burning Plain (Lejos de la tierra quemada.
Dir: Guillermo Arriaga. EE. UU.)
Género: dramático
Música: Omar Rodríguez López y Hans Zimmer (compositores)
Frost / Nixon (El desafío: Frost contra Nixon. Dir: Ron Howard. EE. UU.)
Género: dramático
Música: Lorne Balfe (música adicional)
Premios: Globos de Oro (candidato)
Madagascar: Escape 2 Africa (Madagascar 2. Dir:
Eric Darnell, Tom McGrath. EE. UU.).
Género: animación
Canciones: Hans Zimmer y will.i.am
Música: Hans Zimmer y Heitor Pereira (compositores), Lorne Balfe,
Dolores Clay, Junkie XL, Geoff Zanelli y James Dooley (música adicional)

Secrets of the Furious Five (Kung Fu Panda: Los secretos de los cinco furiosos. Dir: Raman Hui. EE. UU.) (cortometraje)
Música: Hans Zimmer, John Powell y Henry Jackman (compositores)

2009

The Boat That Rocked (Radio encubierta. Dir: Richard Curtis. RU)
Género: comedia
Música: Steven Price (música adicional)
Angels & Demons (Ángeles y demonios. Dir: Ron Howard. EE. UU.)
Género: *thriller*
Música: Lorne Balfe, Atli Örvarsson y Geoff Zanelli (música adicional)
Call of Duty: Modern Warfare 2 (EE. UU.) (videojuego)
Música: Lorne Balfe y Hans Zimmer (compositores), Thomas Bergersen, David Metzger, Nick Phoenix, Jacob Shea, Noah Sorota, Atli Örvarsson y Mark Mancina (música adicional)
It's Complicated (No es tan fácil. Dir: Nancy Meyers. EE. UU.)
Género: comedia romántica
Música: Heitor Pereira y Hans Zimmer (compositores), Henry Jackman (música adicional)
Sherlock Holmes (Dir: Guy Ritchie. EE. UU.)
Género: acción/aventura
Música: Lorne Balfe (música adicional)
Premios: Óscar y Grammy (candidato)
Transformers: Revenge of the Fallen (Transformers: La venganza de los caídos. Dir: Michael Bay. EE. UU.)
Género: acción
Música: Steve Jablonsky (compositor), Ryeland Allison, Hans Zimmer, Clay Duncan, Lilin Park, Matthew Margeson, Jay Flood y Lorne Balfe (música adicional)

2010

Henri 4 (Enrique de Navarra. Dir: Jo Baier. Alemania)
Género: histórico
Música: Henry Jackman y Hans Zimmer (compositores)
The Pacific (EE. UU.) (Miniserie TV)
Género: bélico

Música: Hans Zimmer, Blake Neely y Geoff Zanelli (compositores)
Premios: Emmy (candidato)
Inception (Origen. Dir: Cristopher Nolan. EE. UU.)
Género: dramático/fantasía
Música: Lorne Balfe (música adicional)
Premios: Óscar, Globo de Oro, Bafta y Grammy (candidato)
Megamind (Dir: Tom McGrath. EE. UU.)
Género: animación
Música: Hans Zimmer y Lorne Balfe (compositores), Marc Bonilla y Michael A. Levine (música adicional)
Kung Fu Panda Holiday (La fiesta de Kung Fu Panda. Dir: Tim Johnson. EE. UU.) (cortometraje)
Género: animación
Música: Hans Zimmer, Henry Jackman y John Powell (compositores), Emir Isilay y Noah Sorota (música adicional)
How Do You Know (¿Cómo sabes si...?. Dir: James L. Brooks. EE. UU.)
Género: comedia romántica
Música: Guillaume Roussel (música adicional)
Through the Wormhole (Secretos del universo con Morgan Freeman. EE. UU.) (serie TV)
Género: documental
Música: Hans Zimmer y Jacob Shea (compositores)

2011

The Dilemma (¡Qué dilema!. Dir: Ron Howard. EE. UU.)
Género: comedia
Música: Lorne Balfe y Hans Zimmer (compositores)
Rango (Dir: Gore Verbinski. EE. UU.)
Género: animación
Música: Lorne Balfe, Tom Gire, Geoff Zanelli, Dominic Lewis, Heitor Pereira y Adam Peters (música adicional)
Megamind: The Button of Doom (Megamind: el megabotón. Dir: Simon J. Smith. EE. UU.) (cortometraje)
Música: Hans Zimmer y Lorne Balfe (compositores)

Crysis 2 (EE. UU.) (videojuego)
Música: Lorne Balfe, Boris Slavov y Hans Zimmer (compositores), Nick Delaplane, Jacob Shea y Andrew Kawczynski (música adicional)
Pirates of the Caribbean: On Stranger Tides (Piratas del Caribe: En mareas misteriosas. Dir: Rob Marshall. EE. UU.)
Género: acción
Música: Thomas Bergensen, Nick Phoenix, Rodrigo y Gabriela, Jacob Shea, Eric Whitacre, Guillaume Roussel, Matthew Margeson, John Sponsler y Geoff Zanelli (música adicional)
Kung Fu Panda 2 (Dir: Jennifer Yuh. EE. UU.)
Género: animación
Música: John Powell y Hans Zimmer (compositores), Lorne Balfe, James Carlson, Dominic Lewis y Paul Mounsey (música adicional)
Standing Up For Freedom (Dir: Carlos Lascano. EE. UU.) (cortometraje)
Música: Lorne Balfe y Hans Zimmer (compositores)
Jealous Of The Birds (Dir: Jordan Bahat. EE. UU.)
Género: documental
Música: Aleksey Igudesman y Hans Zimmer (compositores)
Curiosity (EE. UU.) (serie TV) (1 episodio)
Sherlock Holmes: A Game Of Shadows (Sherlock Holmes: **Juego de sombras.** Dir: Guy Ritchie. EE. UU.)
Género: acción/aventura
Música: Lorne Balfe y Dominic Lewis (música adicional)
Kung Fu Panda: Secrets of the Masters (Kung Fu Panda: Los secretos de los maestros. Dir: Tony Leondis. EE. UU.) (cortometraje)
Música: Lorne Balfe, John Powell y Hans Zimmer (compositores)
Skylanders: Spyro's Adventure (EE. UU.) (videojuego)
Música: Lorne Balfe (compositor), Hans Zimmer (compositor tema principal)

2012

Madagascar 3: Europe's Most Wanted (Madagascar 3: De marcha por Europa. Dir: Eric Darnell, Conrad Vernon, Tom McGrath. EE. UU.)
Música: Tom Holkenborg, Stephen Hilton, Jasha Klebe y Lorne Balfe (música adicional)

The Longest Daycare (El día más largo de Maggie. Dir: David Silverman. EE. UU.) (cortometraje)
Música: James Dooley (música adicional)

The Dark Knight Rises (El caballero oscuro: la leyenda renace. Dir: Christopher Nolan. EE. UU.)
Género: acción/*thriller*
Música: Lorne Balfe, Junkie XL (música adicional)
Premios: Grammy (candidato)

The Dawkins Movie (Dir: Alfie Mate. EE. UU.) (cortometraje)
Género: acción

2013

The Bible (La Biblia. EE. UU.) (serie TV)
Género: dramático
Música: Hans Zimmer y Lorne Balfe (compositores), Jasha Klebe (música adicional)

Man Of Steel (El hombre de acero. Dir: Zack Snyder. EE. UU.)
Género: acción/fantasía
Música: Steve Mazzaro, Junkie XL, Andrew Kawczynski y Atli Örvarsson (música adicional)

Mr. Morgan's Last Love (Mi amigo Mr. Morgan. Dir: Sandra Nettelbeck. EE. UU.)
Género: comedia dramática
Música: Jasha Klebe y Guillaume Roussell (música adicional)

Brave Miss World (Dir: Cecilia Peck. EE. UU.)
Género: documental
Música: Hans Zimmer, Ben Harper y Martin Tillman (compositores), Jasha Klebe, Daniel Lessner y Alessio Nanni (música adicional)

The Lone Ranger (El llanero solitario. Dir: Gore Verbinski. EE. UU.)
Género: wéstern
Música: Lorne Balfe, Steve Mazzaro, Jasha Klebe, Andrew Kawczynski, Geoff Zanelli, Rupert Gregson-Williams (música adicional)

12 Years A Slave (12 años de esclavitud. Dir: Steve McQueen. EE. UU.)
Género: dramático
Música: Nicholas Britell y Benjamin Wallfisch (música adicional)
Premios: Globo de Oro y Bafta (candidato)

Rush (Dir: Ron Howard. RU)
Género: deportivo/dramático
Música: Lorne Balfe, Jasha Klebe y Bryce Jacobs (música adicional)

2014

Winter's Tale (Cuento de invierno. Dir: Akiva Goldsman. EE. UU.)
Género: dramático
Música: Hans Zimmer y Rupert Gregson-Williams (compositores), David Buckley, Tony Clarke y Halli Cauthery (música adicional)
Son Of God (Hijo de Dios. Dir: Christopher Spencer. EE. UU.)
Género: dramático
Música: Hans Zimmer y Lorne Balfe (compositores), Gary Dworetsky, Steve Mazzaro, Jasha Klebe y David Flemming (música adicional)
The Amazing Spider-Man 2 (The Amazing Spider-Man 2: El poder de Electro. Dir: Marc Webb. EE. UU.)
Género: acción
Música: Hans Zimmer, Michael Einziger, Johnny Marr, Pharrell Williams, Steve Mazzaro, Junkie XL y Andrew Kawczynski (compositores), Andy Page, Mario Reinch, Czarina Russell, Adam Peters, Stephen Hilton, Christian Vorlander y Ann Marie Simpson (música adicional)
Interstellar (Dir: Christopher Nolan. EE. UU.)
Género: dramático/ciencia ficción
Premios: Óscar, Globo de Oro, Bafta y Grammy (candidato)
Música: James Carlson (música adicional)
Women of the Bible (EE. UU.) (TV)
Género: documental
Música: Hans Zimmer y Lorne Balfe (compositores)
Transformers: Age Of Extinction (Transformers: La era de la extinción. Dir: Michael Bay. EE. UU.)
Género: acción
Música: Steve Jablonsky (compositor), Hans Zimmer, Imagine Dragons, Joseph Trapanese, Michael Yezerzski, David Flemming y Jacob Shea (música adicional)

2015

Sons Of Liberty (Hijos de la libertad. EE. UU.) (serie TV)

Género: histórico
Música: Lorne Balfe y Hans Zimmer (compositores), John M. Davis y Thomas Farnon (música adicional)
Woman In Gold (La dama de oro. Dir: Simon Curtis. RU)
Género: dramático
Música: Martin Phipp y Hans Zimmer (compositores), Natalie Holt y Andrew Kawczynski (música adicional)
Chappie (Dir: Neill Blomkamp. EE. UU.)
Género: acción/ciencia ficción
Música: IMJD, Andrew Kawczynski, Rich Walters, Ryan Amon y Steve Mazzaro (música adicional)
Premier Boxing Champions (EE. UU.) (programa TV)
Género: deportivo
Música: Tripp Holland y Hans Zimmer (compositores), Benny Reid, Peter Lobo, Bryan Lee Brown, Zack Burke, Chad Turner, Kenny Moron, CMDess y Zev Burrows (música adicional)
Les Bosquets (Dir: JR. Francia) (cortometraje)
Género: documental
Le petit prince (El principito. Dir: Mark Osborne. Francia)
Género: animación
Música: Richard Harvey y Hans Zimmer (compositores), Ed Buller, Camille, Clément Ducol, Nathan Stornetta, Benjamin Wallfisch, Czarina Russell y Dominic Lewis (música adicional)
Freeheld (Freeheld, un amor incondicional. Dir: Peter Sollett. EEUU)
Género: dramático
Música: Johnny Marr y Hans Zimmer (compositores), Damien Starkey (música adicional)

2016

Kung Fu Panda: Secrets Of The Scroll (Kung Fu Panda: Los secretos del pergamino. Dir: Rodolphe Guenoden. EE. UU.) (cortometraje)
Música: Hans Zimmer y Lorne Balfe (compositores)
Kung Fu Panda 3 (Dir: Jennifer Yuh Nelson, Alessandro Carloni. EE. UU.)
Género: animación
Música: Lorne Balfe, Paul Mounsey y Nathan Wang (música adicional)

Batman V Superman: Dawn of Justice (Batman v Superman: El amanecer de la justicia. Dir: Zack Snyder. EE. UU.)
Género: acción
Música: Hans Zimmer y Junkie XL (compositores), Andrew Kawczynski, Steve Mazzaro, Eric Whitacre y Benjamin Wallfisch (música adicional)
The Last Face (Diré tu nombre. Dir: Sean Penn. EE. UU.)
Género: dramático
Música: Andrew Kawczynski y Max Aruj (música adicional)
Inferno (Dir: Ron Howard. EE. UU.)
Género: *thriller*
Música: Michael Tuller, Steve Mazzaro, Julian Pastorelli, Paul Mounsey, Andrew Kawczynski y Richard Harvey (música adicional)
Hidden Figures (Figuras ocultas. Dir: Theodore Melfi. EE. UU.)
Género: dramático
Música: Hans Zimmer, Pharrell Williams y Benjamin Wallfisch (compositores)
Premios: Globo de Oro y Grammy (candidato)
Planet Earth II (Planeta Tierra II. Reino Unido) (serie TV)
Género: documental
Música: Jasha Klebe, Jacob Shea y Hans Zimmer (compositores)
Premios: Emmy (candidato)
The Crown (RU) (serie TV)
Género: dramático
Música: Rupert Gregson-Williams, Martin Phipps y Lorne Balfe (compositores), Hans Zimmer (compositor tema principal)
Premios: Emmy (candidato)

2017

The Boss Baby (El bebé jefazo. Dir: Tom McGrath. EE. UU.)
Género: animación
Música: Hans Zimmer y Steve Mazzaro (compositores), Conrad Pope (música adicional)
Dunkirk (Dunkerque. Dir: Christopher Nolan. EE. UU.)
Género: bélico
Música: Andy Page, Benjamin Wallfisch, Satnam Ramgotra,

Andrew Kawczynski y Lorne Balfe (música adicional)
Premios: Óscar, Globo de Oro, Bafta y Grammy (candidato)
Blade Runner 2049 (Dir: Denis Villeneuve. EE. UU.)
Género: ciencia ficción
Música: Hans Zimmer y Benjamin Wallfisch (compositores),
Theo Green y Nicolas Neidhart (música adicional)
Premios: Bafta y Grammy (candidato)
Blue Planet II (Planeta azul II. RU) (serie TV)
Género: documental
Música: Hans Zimmer, Jacob Shea y David Fleming
(compositores), Jasha Klebe (música adicional)
Genius (EE. UU.) (serie TV)
Género: dramático
Música: Lorne Balfe y Terence Blanchard (compositores),
Hans Zimmer (compositor tema principal)
Premios: Emmy (candidato)

2018

Oceans: Our Blue Planet (RU) (TV)
Género: documental
Música: Hans Zimmer, Jacob Shea y David Fleming (compositores)
Widows (Viudas. Dir: Steve McQueen. EE. UU.)
Género: *thriller*/dramático
Música: Steve Mazzaro (música adicional)

2019

X-Men: Dark Phoenix (X-Men: Fénix Oscura. Dir: Simon Kinberg. EE. UU.)
Género: acción
Música: Stephen Mazzaro y David Fleming (música adicional)
The Lion King (El rey león. Dir: Jon Favreau. EE. UU.)
Género: animación
Canciones: Elton John
Premios: Grammy (candidato)
Seven Worlds One Planet (Siete mundos, un planeta. EE. UU.) (serie TV)
Documental: documental
Música: Jacob Shea y Hans Zimmer (compositores),
Anze Rozman (música adicional)

Great Bear Rainforest (EE. UU.) (TV)
Género: documental
Música: Ahze Rozman (compositor), Hans Zimmer (compositor tema principal)
13 Minutes to the Moon (EE. UU.) (podcast)
Música: Christian Lundberg (compositor), Hans Zimmer (compositor tema principal)

2020

Rebuilding Paradise (Dir: Ron Howard. EE. UU.)
Género: documental
Música: Lorne Balfe y Hans Zimmer (compositores), Max Aruj, Peter Adams, Steffen Thum y Boris Salchow (música adicional)
The SpongeBob Movie: **Sponge On The Run** (Bob Esponja: Un héroe al rescate. Dir: Tim Hill. EE. UU.)
Género: animación
Música: Steve Mazzaro y Hans Zimmer (compositores)
Planet Earth: A Celebration (RU) (TV)
Género: documental
Música: Jacon Shea y Hans Zimmer (compositores), James Everingham y Adam Lukas (música adicional)
Hillbilly Elegy (Hillbilly, una elegía rural. Dir: Ron Howard. EE. UU.)
Género: dramático
Música: David Fleming y Hans Zimmer (compositores). Ben Powell (música adicional)
Wonder Woman 1984 (Dir: Patty Jenkins. EE. UU.)
Género: fantasía
Música: Steve Mazzaro y David Fleming (música adicional)

2021

The Boss Baby: Family Business (El bebé jefazo: Negocios de familia. Dir: Tom McGrath. EE. UU.)
Género: animación
Música: Hans Zimmer y Steve Mazzaro (compositores), Nahre Sol (música adicional)

Dune. Part I (Dune, parte 1. Dir: Denis Villeneuve. EE. UU.)
Género: ciencia ficción
Música: David Fleming, Steve Mazzaro, Andrew Kawczynski y Steven Doar (música adicional)
Premios: Óscar, Globo de Oro y Bafta (ganador), Grammy (candidato)
The Survivor (El superviviente de Auschwitz. Dir: Barry Levinson. EE. UU.)
Género: dramático
Música: Steven Doar (música adicional)
No Time to Die (Sin tiempo para morir. Dir: Cary Joji Fukunaga. RU)
Género: acción
Música: Steve Mazzaro (música adicional)
Premios: Grammy (candidato)
Army Of Thieves (Ejército de los ladrones. Dir: Matthias Schweighöfer. EE. UU.)
Género: suspense
Música: Hans Zimmer y Steve Mazzaro (compositores)
The Unforgivable (Imperdonable. Dir: Nora Fingscheidt. EE. UU.)
Género: dramático/suspense
Música: Hans Zimmer y David Fleming (compositores)
Around The World In 80 Days (La vuelta al mundo en 80 días. Francia) (serie TV)
Género: aventuras
Música: Christian Lundberg (compositor), Hans Zimmer (compositor tema principal)

2022

Top Gun: Maverick (Dir: Joseph Kosinski)
Género: acción
Música: Hans Zimmer, Harold Faltermeyer, Lady Gaga (compositores), Steven Richard Davis, Andrew Kawczynski. David Fleming y Steve Mazzaro (música adicional)
Prehistoric Planet (Planeta prehistórico. RU) (serie TV) (dos temporadas)
Género: documental
Música: Kara Talve, Anze Rozman y Hans Zimmer (compositores), Andrew Christie (compositor tema principal)
Premios: Emmy (candidato)

The Son (El hijo. Dir: Florian Zeller. RU)
Género: dramático
Música: David Fleming (música adicional)
Frozen Planet II (Planeta helado II. RU) (serie TV)
Género: documental
Música: James Everingham, Hans Zimmer y Adam Lukas (compositores), Laurentia Editha (música adicional)
The Calling (EE. UU.) (serie TV)
Género: *thriller*
Música: Steve Mazzaro y Hans Zimmer (compositores)
La nuit où Laurier gaudreault s'est réveillé (La noche que Logan despertó. Canadá) (serie TV)
Género: dramático
Música: David Fleming y Hans Zimmer (compositores)
MrBeast: I Survived 50 Hours In Antartica (EE. UU.) (vídeo YouTube)
Música: James Everingham, Hans Zimmer y Adam Lukas (compositores)

2023

Artic: Our Frozen Planet (RU) (TV)
Género: documental
Música: James Everingham, Hans Zimmer y Adam Lukas (compositores)
Are You There God? It's Me, Margaret (¿Estás ahí, Dios? Soy yo, Margaret. Dir: Kelly Fremon Craig. EE. UU.)
Género: comedia
Música: David Fleming (música adicional)
The Calm (Dir: Sam Hargrave. EE. UU.) (cortometraje)
Género: acción
The Creator (Dr: Gareth Edwards. EE. UU.)
Género: ciencia ficción
Música: Steve Mazzaro (música adicional)
Planet Earth III (Planeta Tierra III. RU) (serie TV)
Género: documental
Música: Hans Zimmer, Jacob Shea y Sara Barone (compositores)

2024

Dune. Part II (Dune, parte 2. Dir: Denis Villeneuve. EE. UU.)
Género: ciencia ficción

Música: David Fleming, Steve Mazzaro, Andrew Kawczynski, Omer Benyamin y Steven Doar (música adicional)

Kung Fu Panda 4 (Dir: Mike Mitchell & Stephanie Stine. EE. UU.)
Género: animación
Música: Hans Zimmer y Steve Mazzaro (compositores), Lorne Balfe (música adicional)

The Tattooist of Auschwitz (El tatuador de Auschwitz. EE. UU.) (serie TV)
Género: dramático
Música: Hans Zimmer y Kara Talve (compositores)
Premios: Emmy (candidato)

Ghosts of Ruin (EE. UU.) (serie TV)
Género: animación/ciencia ficción
Música: Hans Zimmer, Hendric Buenck y Giovanni Rios (compositores)

Eden (Dir: Ron Howard. EE. UU.)
Género: dramático

Lord of the Flies (RU) (serie TV)
Género: dramático
Música: Hans Zimmer y Kara Talve (compositores)

Blitz (Dir: Steve McQueen. EE UU)
Género: dramático

Twilight of the Gods (El ocaso de los dioses. EE UU) (serie TV)
Género: animación
Música: Hans Zimmer, Omer Benyamin, Steven Doar (compositores)

Blog

Si el lector quiere acceder a información adicional de cada una de las películas de Hans Zimmer puede hacerlo a través de este enlace:

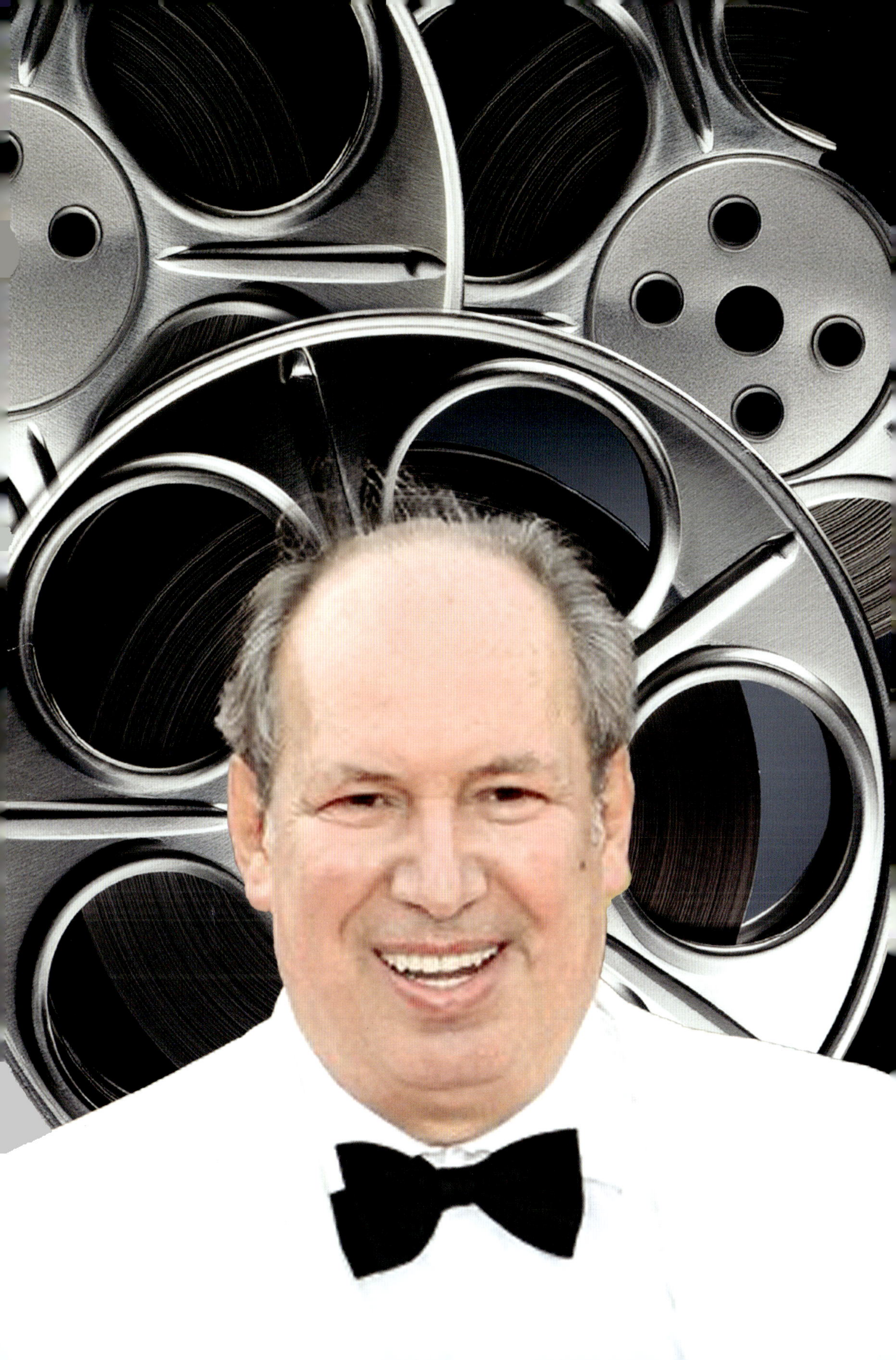

Por el mismo autor:

Un libro para descubrir qué aportan las bandas sonoras a las películas y así comprender y valorar mejor la grandiosa suma que aporta la música convertida en lenguaje cinematográfico.

Partituras para aficionados al piano: